Amo

Dois

órgão editorial
ASSOCIAÇÃO MÉDICO-ESPÍRITA DE MINAS GERAIS

CATANDUVA, SP | 2023

ANDREI MOREIRA

Amor a Dois

os relacionamentos afetivos na visão sistêmica e espírita

Gratidão

Aos meus pais, de cujo lindo amor sou continuidade, que me deram tudo e que me ensinaram, na prática, o respeito que se nutre do que é cheio e a força de se mover sempre para o mais, superando desafios na vida a dois.

Dedicatória

Dedico este livro ao Nei Nicolato, que me ensinou o que é o amor e a partilha de uma vida a dois.

A você, com todo o meu amor.

PI Prefácio 14

Introdução 18

1 Energia sexual, sexualidade e afetividade 22

2 Reencontros afetivos 36

3 As leis sistêmicas que atuam nos relacionamentos afetivos 46

4 Paixão: a antessala do amor 76

5 O que impede e o que permite que o amor flua na relação de casal 94

6 Traições conjugais 156

SUMÁRIO

7 Separações conjugais e reatamentos — 186

8 Perdão e reconciliação — 200

9 Amor homoafetivo — 212

10 Filhos: continuidade do amor do casal — 230

11 O que impede e o que favorece a um casal conceber — 240

12 A espiritualidade do casal — 284

B Bibliografia — 296

Prefácio

POR LETÍCIA TALARICO

Conheci o dr. Andrei Moreira, profissional e amigo querido, nos trabalhos da AMEMG. Entre palestras, cursos e grupos terapêuticos, adorávamos conversar e trocar experiências sobre os relacionamentos amorosos. Tínhamos o anseio de ser bem-sucedidos nos respectivos relacionamentos. Entre dor e superação, a vontade e disposição do dr. Andrei para que o amor desse certo lhe permitiu adentrar em si próprio e fazer crescer os frutos com o seu amor.

Este livro apresenta não somente o reflexo de sua experiência profissional, estudos e *workshops*, mas, principalmente, a profundidade de uma caminhada pessoal árdua e persistente. A obra embala nossos corações com sensibilidade e reflexões. Somos convidados pelo autor a encontrar o amor próprio que muitas vezes se perdeu na dor da nossa criança ferida.

Enxergar o melhor de seu companheiro ou companheira é um convite a transcender a visão viciada de sofrimentos que ainda não trabalhamos ou dos quais não nos despedimos.

O livro instiga reflexões. O que te impedirá de ter um amor bem-sucedido? Conseguir um namoro, melhorar a relação atual ou despedir-se amorosamente de alguém? O autor demonstra, em vários capítulos, que pequenas mudanças na postura interna se refletem de forma positiva na vida a dois.

O conteúdo do livro não traz receita de bolo, por exemplo, com dicas de comportamentos para ser bem-sucedido amorosamente. É de caráter reflexivo, teórico e filosófico, ou seja, um convite para compreendermos as dinâmicas espirituais, sistêmicas e psicológicas que atuam sobre nós de forma inconsciente. Com uma linguagem prática, o autor apresenta teorias e técnicas modernas, utilizadas para a melhor compreensão das dinâmicas ocultas.

Faz parte do processo de "ser humano" compreender e aceitar que, além das emoções vivenciadas por cada um, existem registros inconscientes que atuam sobre nossas escolhas e comportamentos. Temos um *inconsciente coletivo* atuante sobre nós (Carl Jung), com nossas sombras e máscaras; um inconsciente pessoal, que registra as nossas impressões já no ventre materno (Sigmund Freud, Lacan); um *inconsciente familiar*, que pode transmitir traumas transgeracionais por várias gerações (Bert Hellinger), bem como um *inconsciente de vidas passadas*, que são arquivadas no nosso corpo perispiritual. Quantos registros atuam sobre nós! Por isso, o autor convida o leitor a se conhecer, a compreender a atuação do inconsciente (por exemplo, através das leis sistêmicas) e a cultivar a espiritualidade como terapêutica para os casais.

Ignorar o que atua em nós como seres humanos é vendar os próprios olhos, resistindo à beleza das transformações nos relacionamentos e no íntimo de cada um.

Conquistar um olhar amoroso para o humano em cada um de nós é se abrir para ofertar e receber o que o outro humano tem a lhe oferecer. Um ser comum, que ama e descobre outro ser comum. "Um amor a dois".

Boa leitura!

— Letícia F. Talarico
[psicóloga clínica, palestrante e facilitadora de constelação familiar, membro da Ame-Goiânia]

Introdução

AMOR A DOIS

Os relacionamentos afetivos são o grande tesouro da existência humana. Embora nenhum de nós seja uma metade em busca da outra, somos todos seres incompletos, desejosos de partilha e alimentação afetiva que possibilite o crescimento e a produtividade, em todas as áreas, a partir da experiência amorosa.

Aprendemos a nos reconhecer desenvolvendo com o outro, que funciona como espelho, uma relação dinamizadora do estabelecimento claro da nossa identidade e limite do eu, bem como propiciadora dos vínculos que geram crescimento. O confronto e a riqueza das diferenças promovem complementaridade e multiplicam as oportunidades, superadas as dificuldades de adaptação e os conflitos projetivos iniciais.

É fato: só se desenvolve quem se envolve. Consigo e com o outro. Só há conquista após a luta. Nesse caso, uma doce luta com nós mesmos, uma luta de autoconhecimento, para reconhecer o que em nós atua e nos move *para* e *em* uma relação amorosa, bem como o que de nós atua sobre o outro. Só temos poder sobre nós mesmos.

Os relacionamentos afetivos, e em especial o de casal, objeto de nossas reflexões, nos convidam à entrega, à confiança, à partilha, à renúncia, a somar e multiplicar o que em nós abunda. Essas ações permitem que a relação se estabeleça para além de nossas carências infantis e se construa como uma troca respeitosa entre adultos, equilibrados no dar e no receber, olhando para um objetivo comum. Isso só é possível quando estamos enraizados no solo sagrado do amor materno e paterno, bebendo da fonte pura de sua força e grandeza, com reconhecimento e gratidão, o que nos caracteriza como adultos aptos às trocas afetivas entre iguais.

Cada um deve percorrer a jornada solitária de autoencontro, encarando seus monstros e belezas internas, até estar apto a uma troca afetiva genuína e profunda, que multiplique potencialidades e realizações. Esse caminho longo de maturidade requer que abandonemos julgamentos morais e críticas, exigências e lamentações, e nos conectemos à abundância do fluxo da vida, que verte sempre generosa e suficiente para cada um e todos nós, das fontes que nos geraram e nos nutriram.

Cada relação é um passo no escuro, sem controle, em que vamos aprendendo a reconhecer o outro e a nós mesmos a partir da construção da entrega e da confiança, como cegos que ganham segurança ao tocar o contorno e a consistência do que não podem ver ou definir. É no sentido do coração e do afeto que tudo ganha significado e conteúdo.

Toda troca afetiva legítima promove crescimento. A do casal, em especial, constrói a base do que sustenta e perpetua a vida, na continuidade de cada um e de ambos, em um movimento maior que a soma dos dois.

No amor de casal, muitos amores anteriores se somam e se perpetuam: o da família biológica, que gerou a vida, o daqueles que a nutriram e cultivaram, o de todos que a nós se somaram nas experiências felizes ou infelizes que nos trouxeram até o presente, e o amor que em nós se faz semente, à espera de concretização.

O amor a dois é uma construção no tempo, a partir de aproximações e reconhecimentos sucessivos que possibilitam a comunhão respeitosa, o vínculo afetivo e o crescimento pessoal e do casal sempre em direção ao mais.

Este livro é uma colcha de retalhos produzida com reflexões e experiências, no campo do conhecimento sistêmico e espírita e do sentimento propiciado pelo Evangelho, que tem um só objetivo: falar ao seu coração, na alegria da partilha do amor. Não traz respostas prontas, nem receitas de bolo, tampouco complicações e pessimismo, o que seria desnecessário. É uma coletânea sintética de temas psicológicos, sistêmicos e afetivos, que se mostram continuamente necessários e úteis na nossa vida e na daqueles que nos buscam, no consultório, nos *workshops* ou nas atividades espirituais, em busca de auxílio para as suas dores afetivas e para realizar o desejo de estabelecer vínculos profundos que alimentem o coração.

Ele nasce de muitas experiências de amor, nos aparentes insucessos e sucessos da vida, em um tempo de maturidade e abundância. Hoje as flores e os frutos aqui estão para serem colhidos, e as sementes dispersadas, com amor. Oferto-lhe o que me preenche, na alegria da partilha e da comunhão, esperando que fale também ao seu coração.

Belo Horizonte, Natal de 2017

Energia sexual, sexualidade e afetividade

1

A **energia sexual é força divina criadora que acompa-**nha o Espírito em todo o processo da escala evolutiva, desde o princípio espiritual, nos reinos mineral, vegetal e animal, até as manifestações do princípio inteligente, no ser humano, e a sublimação maior nas expressões angélicas. Emmanuel salienta a sua significação, ensinando-nos que:

> Em nenhum caso, ser-nos-á lícito subestimar a importância da energia sexual que, na essência, verte da Criação Divina para a constituição e sustentação de todas as criaturas. Com ela e por ela é que todas as civilizações da Terra se levantaram, legando ao homem preciosa herança na viagem para a sublimação definitiva [...][1]

Nos reinos primitivos da natureza, a energia sexual se expressa como força de atração eletroquímica nos minerais e como vitalismo nos vegetais, iniciando a reprodução assexuada e a sexuada, através da formação de gametas. Nos

---

1. Francisco Cândido Xavier e Espírito Emmanuel, *Vida e sexo*, cap. 5.

animais inferiores, ela se manifesta como força de atração e reprodução, já se iniciando aí a expressão do afeto como troca entre os seres. É no ser humano que a energia sexual ganha expressões mais profundas e definidas.

Segundo o Espírito Carneiro de Campos,[2] a energia sexual é a segunda maior força do orbe, favorecendo a criatura na cocriação. Isso se dá nos seguintes aspectos:

- **CRIATIVO** – através das atividades de produção (trabalho de qualquer ordem, artes, ciências etc.);
- **TRANSFORMADOR** – nos diversos papéis circulares que as relações permitem (homem, mulher, pai);
- **AGREGADOR** – através da necessidade da busca do outro pelo desejo e pela formação de vínculos.

A mesma energia sexual utilizada para os atos sexuais é a que nos move para os processos criativos de trabalho e produção, em todas as áreas. Por isso Emmanuel salienta, no trecho citado no início, a importância da energia sexual para a construção de toda a sociedade.

O termo "sexualidade" engloba as diversas expressões da energia sexual, manifestando não somente como o ser humano sente e vive a atração afetivo-sexual, mas toda busca e construção de prazer e criatividade que, quando sadia, promove o ser humano e sua coletividade.

---

2. Mensagem psicografada por Roberto Lúcio Vieira de Souza, na AMEMG, não publicada.

Sendo básica e essencial da constituição humana, a energia sexual gera cargas magnéticas e requer movimento e troca, a fim de promover a alimentação dos canais de criação e alegria interior, conforme ensina André Luiz:

> A energia natural do sexo, inerente à própria vida em si, gera cargas magnéticas em todos os seres, pela função criadora de que se reveste, cargas que se caracterizam com potenciais nítidos de atração no sistema psíquico de cada um e que, em se acumulando, invadem todos os campos sensíveis da alma, como que a lhe obliterar os mecanismos outros de ação, qual se estivéssemos diante de usina reclamando controle adequado.[3]

Essa usina natural produz cascatas neuroquímicas contínuas, irradiando cargas psíquicas, emotivas e afetivas. Estas produzem reações orgânicas e atrações magnéticas em quem as origina e naqueles que são atraídos por terem afinidade com elas, promovendo trocas através das várias manifestações do amor. Energia sexual é expressão do amor, de inúmeras formas.

No português utilizamos uma só palavra – "amor" – para nos referirmos a muitas e distintas situações, desde o ato sexual até os vários tipos de relações humanas e com o divino. Já os gregos possuem várias palavras para o amor, de acordo com sua manifestação, o que nos ajuda a compreender as suas funções:

---

[3]. Francisco Cândido Xavier pelo Espírito André Luiz, *Evolução em dois mundos*, cap. 18.

- **PORNEIA** – amor de consumo, que leva a possuir e usar o que é amado, exclusivamente, em função do gozo e centrado nas necessidades pessoais.
- **EROS** – amor do desejo, dos apaixonados, que estabelece atração e troca, abrindo o canal para a possibilidade de vínculo ou não.
- **PHILIA** – amor amizade, fraternal, virtuoso e desapaixonado, pois não passa pela relação eros, embora possa com ela estabelecer pontes, a depender da relação e das posturas íntimas.
- **STORGE** – amor de afeição, amor familiar, como o dos pais pelos filhos, que promove vínculos profundos e relação de afeto e cuidado.
- **ÁGAPE** – amor divino, doação, que se rejubila em ofertar, sem necessidade de troca. É o amor plenitude.

Essas expressões do amor, didaticamente separadas pelos gregos, nos auxiliam a compreender as diversas instâncias psíquicas e afetivas sintetizadas na palavra. Todas as expressões são respeitáveis e dizem respeito à busca do ser humano pelo prazer, pela satisfação e por vínculos que alimentem a alma, nas trocas que alimentam o corpo, o afeto e o coração. Naturalmente, uma pessoa pode focar a sua expressão de amor em apenas uma dessas manifestações, tornando absoluto um aspecto da vida, com isso reduzindo as suas possibilidades de satisfação e contentamento íntimo.

É o que acontece, por exemplo, quando alguém passa a viver o amor *porneia* em exclusividade, olhando o outro como objeto a ser consumido em função de um gozo egoísta e sem qualquer apreço ou consideração por sua dignidade. Nesse caso, a relação passa a ser de "amor devorador", que vê no outro não "alguém", mas "algo" para satisfazer seu apetite e que se consuma em consumir o que ama. Nas palavras de Paulo Rogério da Motta, "Porneia é um amor de caráter imediatista, sensualista, voraz que após seu êxtase se debilita, entorpece e envenena dando lugar à frustração".

Também citado por Paulo Rogério da Motta,[4] Jacques Prévert, em versos, mostra o que é o "amor devorador":

Você diz que ama as flores
E as corta.

Você diz que ama os peixes
E os come.

Você diz que ama os pássaros
E os prende em gaiola.

Quando você me declara "Eu te amo",
Eu tenho medo...

---

4. *Porneia, o amor devorador* – texto do psicólogo junguiano. Paulo Rogério da Motta. http://paulorogeriodamotta.com.br/porneia-o-amor-devorador/

O amor *porneia* pode ser bem-visto na relação dos homens com os animais, como salienta o poeta. Dizemos que amamos, mas consumimos, sem consideração com o sofrimento e a morte do que é consumido. Assim também, nas relações entre os seres humanos. Quando se consome o outro não há espaço para o afeto, o cuidado. Quem consome exige, abusa, requer devoção e disponibilidade infinita do outro para si, para ter seus desejos atendidos quando requisite. É o que fundamenta a violência entre os gêneros, a objetificação das mulheres ou dos homens, a desconsideração e os abandonos afetivos, tão frequentes na atualidade. É preciso lembrar que o temo "pornografia" deriva do grego "porneia", que, inclusive nos textos sagrados, como a *Bíblia*, é traduzido como "prostituição" ou "relações sexuais ilícitas", em razão do caráter consumista do amor *porneia*, que, embora caracterize a relação nos níveis mais primitivos da vida, está ainda muito presente na sociedade moderna.

Continuando a comentar a descarga da energia sexual, André Luiz salienta que:

> Ao nível dos brutos ou daqueles que lhes renteiam a condição, a descarga de semelhante energia se efetua, indiscriminadamente, através de contatos, quase sempre desregrados e infelizes, que lhes carreiam, em consequência, a exaustão e o sofrimento como processos educativos.[5]

---

5. Francisco Cândido Xavier e Espírito André Luiz, *Evolução em dois mundos*, cap. 18.

O que o médico espiritual chama de "contatos desregrados e infelizes" podemos compreender como a expressão exclusiva de *porneia* e *eros*. Sabemos que assim tem sido ao longo de muitas encarnações para inúmeros Espíritos que focam no prazer egoístico do consumo e do desejo, nas expressões da poligamia, sem desenvolver as instâncias mais amplas do amor, como *philia*, *storge* e *ágape*. Isso é fonte de enorme solidão e vazio interior, pois o ser humano só se completa na relação, nas trocas que estabelece com os seus iguais, através do afeto sentido, partilhado, dividido e multiplicado.

Emmanuel esclarece que:

> Existe o mundo sexual dos Espíritos de evolução primária, inçado de ligações irresponsáveis, e existe o mundo sexual dos Espíritos conscientes, que já adquiriram conhecimento das obrigações próprias, à frente da vida; o primeiro se constitui de homens e mulheres psiquicamente não muito distantes da selva, remanescentes próximos da convivência com os brutos, enquanto que o segundo é integrado pelas consciências que a verdade já iluminou, estudantes das leis do destino à luz da imortalidade. O primeiro grupo se mantém fixado à poligamia, às vezes desenfreada, e só, muito pouco a pouco, despertará para as noções da responsabilidade no plano do sexo, através de experiências múltiplas na fieira das reencarnações. O segundo já se levantou para a visão panorâmica dos deveres que nos competem, diante de

nós mesmos, e procura elevar os próprios impulsos sexuais, educando-os pelos mecanismos da contenção.[6]

André Luiz também ensina que, à medida em que o Espírito evolui, saindo da brutalidade caracterizada pela exclusividade do consumo, busca, naturalmente, a contenção dos impulsos egocêntricos e o estabelecimento de vínculos e trocas que abasteçam o coração:

> O instinto sexual nessa fase da evolução não encontra alegria completa senão em contato com outro ser que demonstre plena afinidade, porquanto a liberação da energia, que lhe é peculiar, do ponto de vista do governo emotivo, solicita compensação de força igual, na escala das vibrações magnéticas. Em semelhante eminência, a monogamia é o clima espontâneo do ser humano, de vez que dentro dela realiza, naturalmente, com a alma eleita de suas aspirações a união ideal do raciocínio e do sentimento, com a perfeita associação dos recursos ativos e passivos, na constituição do binário de forças, capaz de criar não apenas formas físicas, para a encarnação de outras almas na Terra, mas também as grandes obras do coração e da inteligência, suscitando a extensão da beleza e do amor, da sabedoria e da glória espiritual que vertem, constantes, da Criação Divina.[7]

---

6. Francisco Cândido Xavier e Espírito Emmanuel, *Vida e sexo*, cap. 20.
7. Francisco Cândido Xavier e Espírito André Luiz, *Evolução em dois mundos*, cap. 18.

Esse encontro de almas afins é essencial para o movimento que produz vida e saúde em cada ser humano. Alguém que se feche às relações afetivas se autocondena a uma prisão de angústia em que as forças aprisionadas da alma não só se intoxicam como passam a circular em regime fechado, invadindo outros setores do psiquismo, gerando sintomas e adoecimentos variados, como as psiconeuroses e as obsessões. Podemos visualizar esse estado como uma casa fechada no meio da solidão de um terreno vazio ou de um deserto, debaixo de um sol escaldante impiedoso. O ambiente interior ficará insuportável, tamanho o calor ou o abafamento, e requisitará enorme energia, caso tenha ar-condicionado, para criar um ambiente que seja respirável, e, ainda assim, continuará a ser um espaço solitário. Será mais útil se aquele que ali vive abrir portas e janelas, permitindo não somente que o ar se locomova produzindo ventos refrescantes, como também que outras pessoas entrem e saiam, respeitosamente, gerando movimento e vida naquele ambiente.

Quando encontramos pessoas afins com as quais estabeleçamos relações baseadas no respeito e na partilha, com individualidade e limites sadios, nas expressões *philia* e *storge* do amor, produzimos trocas energéticas salutares que nos retroalimentam, gerando ideias, sentimentos e afetos que movem a vida. Isso se torna ainda mais especial na relação de casal, que dá sentido mais profundo à existência daqueles que não optaram pelo celibato voluntário como proposta de vida, possibilitando um vínculo especial, a partir do qual não somente a vida se perpetua, mas que permite a cada um e a ambos um campo de aprendizado e crescimento sem igual, no amor a dois.

Comenta André Luiz:

> O instinto sexual não é apenas agente de reprodução entre as formas superiores, mas, acima de tudo, é o reconstituinte das forças espirituais, pelo qual as criaturas encarnadas ou desencarnadas se alimentam mutuamente, na permuta de raios psíquico-magnéticos que lhes são necessários ao progresso.[8]

Naturalmente, uma troca dessa natureza, retroalimentadora, só tem início quando o casal estabelece uma relação na qual os vários amores são cultivados, para além das afinidades físicas ou sexuais, transmutando-se em um espaço de cuidado, afeto e estímulo recíproco ao crescimento pessoal e coletivo.

Essa tem sido a grande busca do ser humano e também o seu calcanhar de aquiles, pois, na atualidade, as relações têm sido objetificadas, e as pessoas, enquanto seres dignos de respeito e valor, desconsideradas em nome do prazer e da sensualidade. Grande parte das músicas que fazem sucesso hoje em dia tratam o homem e a mulher como seres exclusivamente sexuais e o prazer como o sentido da vida, como se estabelecer o máximo de relações sexuais e de gozo fosse o sentido existencial do ser humano.

Esse movimento produz criaturas cada vez mais angustiadas e distanciadas de si mesmas e do desenvolvimento integral, nas várias áreas da vida, afetiva, emocional, intelectual e espiritual, gerando fragmentação e cisão interior.

---

8. Francisco Cândido Xavier e Espírito André Luiz, *Evolução em dois mundos*, cap. 18.

André Luiz comenta essa realidade dizendo que:

> O instinto sexual, então, a desvairar-se na poligamia, traça para si mesmo largo roteiro de aprendizagem a que não escapará pela matemática do destino que nós mesmos criamos. Entretanto, quanto mais se integra a alma no plano da responsabilidade moral para com a vida, mais apreende o impositivo da disciplina própria, a fim de estabelecer, com o dom de amar que lhe é intrínseco, novos programas de trabalho que lhe facultem acesso aos planos superiores.[9]

O abuso da energia sexual e a desconsideração do afeto e da dignidade do outro têm sido responsáveis pelos inúmeros dramas afetivos, passionais, que assolam a humanidade há séculos, determinando reencarnações de reajuste e reparação, reencontro e reconstrução do amor, em si mesmo e nas relações, para a maior parte da humanidade. Assim é que a grande maioria dos casamentos se estabelece como projeto de redenção pessoal e de ambos, nos reencontros justos e úteis que a reencarnação estabelece.

Emmanuel comenta essa realidade e esclarece que:

> Obtém-se da vida o que se lhe dá, colhe-se o material de plantio. Habitualmente, o homem recebe a mulher, como a deixou e no ponto em que a deixou no passado próximo, isto é, nas estâncias do tempo que se foi para o continuísmo da obra de resgate ou de elevação no tempo de agora, sucedendo o mesmo referentemente à mulher. O parceiro desorientado,

---

9. Ibidem, glossário, 132.

enfermo ou infiel, é aquele homem que a parceira, em existências anteriores, conduziu à perturbação, à doença ou à deslealdade, através de atitudes que o segregaram em deploráveis estados compulsivos; e a parceira, nessas condições, consubstancia necessidades e provas da mesma espécie.[10]

É compreensível, pois, que, além das lutas com nossas próprias histórias e necessidades psicológicas e sistêmicas desta encarnação, o que comentaremos nos capítulos seguintes, encontremos, dentro do lar, as lutas com nosso passado e com aquilo que fizemos em nós mesmos e no outro, requisitando reparação e reeducação para o amor.

Tão-somente na base da indulgência e do perdão recíprocos, mais facilmente estruturáveis no conhecimento da reencarnação, com as imbricações que se lhe mostram consequentes na equipe da família, conseguirão o companheiro e a companheira do lar o triunfo esperado, nas lides e compromissos que abraçam, descerrando a si mesmos a porta da paz e a luz da libertação.[11]

---

10. Francisco Cândido Xavier e Espírito Emmanuel, *Vida e sexo*, cap. 12.
11. Ibidem.

"O matrimônio representa um estágio de alto desenvolvimento do *Self*, quando se reveste de respeito e consideração pelo cônjuge, firmando-se na fidelidade e nos compromissos da camaradagem em qualquer estágio da união que os vincula, reciprocamente, um ao outro ser."

— Divaldo Pereira Franco
e Joanna de Ângelis
[Amor, Imbatível Amor", Leal]

Reencontros afetivos

2

"**V**ou tolerar este homem até a desencarnação e depois nunca mais quero ouvir falar dele. Quero me resolver com ele de uma vez", dizia ela, acreditando que bastava tolerar para se desvincular com proveito de alguém que reconhecia fazer parte de sua vida por causa de um débito espiritual.

Estavam casados havia muitos anos. Ele, um homem passivo e cordato com os outros, e algo agressivo com ela. Ela, uma mulher de fibra e garra, que havia gestado seis filhos, adotado mais três, além de três casais de idosos de sua vizinhança, e que distribuía sopa para os carentes de sua comunidade pobre do interior de Minas Gerais, embora ela mesma nunca tenha ganhado um salário-mínimo completo como merendeira de escola. Era determinada, e nada a impedia de executar o que queria. Nem ele. Assim era a relação de Dema e Everilda.

E o sr. Dema, na interpretação dela, de fato era o "demo". Os dois viviam em pé de guerra. Ele um dia lhe disse: "A senhora escolha, ou eu ou este trabalho social que faz..." Antes que tivesse tempo de pensar, viu-a jogando as suas roupas pela janela e dizendo-lhe para ir buscar do lado de fora e só retornar se aprendesse a respeitar o trabalho social que ela fazia. Um dia ele levantou a mão para lhe bater. Ora, para mulher não se levanta nem um dedo, quanto mais a mão. Mas fazer isso com uma mulher médium, e médium de efeitos físicos, é suicídio completo. Antes que ele pudesse fazer qualquer coisa com a esposa, o mentor espiritual dela "incorporou". Ela era médium, mas não era espírita; nem o mentor. Com uma mão ele levantou um armário cheio, jogou sobre o homem e disse aos seus filhos: "Ai de quem o tirar daí de baixo; vai se ver comigo. Isto é para ele aprender que não se bate em mulher, muito menos em mulher comprometida com o bem". E "desincorporou". Ninguém ousou se mover para tirar o Dema de baixo do armário.

E assim eles iam vivendo. Ela dizendo que o toleraria até desencarnar, sem o largar. Ele a provocando, sem a abandonar. Era como expressavam o amor um pelo outro.

Ela desencarnou cedo, de cardiopatia chagásica, adquirida nas condições precárias em que viveu. Pouco depois de sua morte, um de seus filhos se dirigiu a Uberaba, para consolar seu coração nas fontes da mediunidade cristalina de Chico Xavier. Esperou com impaciência o final da longa reunião, e se preparava para sair quando ouviu seu nome ser chamado: sua mãe havia lhe mandado uma mensagem. E nela, Everilda declarava: "Meu filho, agradeço a Deus a oportunidade misericordiosa de reencarnar com seu pai...". O filho pensou: "Não é a mamãe, é um obsessor, Chico errou pela primeira vez. Minha mãe diria qualquer coisa, menos isto", pois estava acostumado com a relação conflituosa entre os pais. No entanto, ela continuava a mensagem dizendo "... porque aqui, do outro lado da vida, tive acesso aos nossos registros cármicos e pude ver que temos voltado juntos inúmeras vezes, sem termos até hoje aprendido verdadeiramente a nos amar. Daqui para frente serei protetora espiritual dele". E foi o que ocorreu.

Dali em diante passou a visitar o esposo espiritualmente, com frequência, e ampará-lo com amor fraternal. Não era mais o amor eros, era o amor *philia* e *storge* que guiava, agora, aquela relação. E, apesar do amparo espiritual, ele continuou o Dema, sem muitas mudanças.

Quando estava próximo seu desencarne, os mentores e Espíritos amigos se preocuparam com sua situação espiritual. Afinal de contas, cada um se situa no mundo astral na localidade compatível com o peso específico do seu corpo espiritual e a natureza das irradiações de seu pensamento e sentimento, na companhia daqueles com os quais se afiniza e vibra no mesmo diapasão. Tanto a ex-esposa, agora benfeitora espiritual, quanto aqueles que os protegiam, de mais alto, se preocupavam com sua sintonia espiritual, por isso criaram um plano, que só o amor é capaz de fazer, para socorrê-lo. Ele não tinha méritos, mas ela o tinha, devido aos muitos trabalhos no bem; como ele era merecedor da atenção e do cuidado dela, então seria socorrido, sobretudo, por mérito dela e misericórdia da vida para com ambos. Assim é o amor de Deus.

A primeira coisa que necessitavam era despertar nele uma lembrança positiva para que seu psiquismo aceitasse a ajuda, através da sintonia com as vibrações superiores dos que o socorriam. Eles nada poderiam se ele não aceitasse o auxílio. Então, buscaram em sua memória a lembrança mais feliz e a encontraram exatamente no dia do seu casamento.

Interessante mecanismo este, o da reencarnação, que, através da amnésia do passado, nos permite entrar em contato com o afeto que nos liga uns aos outros sem os tóxicos das queixas e desentendimentos pregressos que aguardam reparação. No clima da paixão, ele era só alegria e felicidade. Afinal de contas, eles estavam reencarnando juntos há várias experiências encarnatórias. Não haviam se reajustado ainda, mas se gostavam muito e se sentiam naturalmente atraídos um para o outro. Há um radar psíquico e afetivo que nos vincula aos nossos deveres e necessidades, sem a necessidade da ação de nossa consciência pessoal atual.

Quando Dema desencarnou, a equipe espiritual estava a postos. Tão logo ele finalizou aquele natural período de hipermnésia retrógrada, que Allan Kardec chama de "passamento",[12] em que o Espírito – por mecanismos incompreensíveis para nós – visita toda a encarnação em rápidos instantes, em uma análise consciencial sem as limitações de tempo e espaço, os Espíritos o despertaram, na vida espiritual, através da indução magnética. Quando

---

12. 1º capítulo da segunda parte do livro *O céu e o inferno*, de Allan Kardec.

ele abriu os olhos, lá estava ela, vestida de noiva como naquele dia feliz de sua memória, com a roupa simples e o ambiente da antiga Minas Gerais, que o pensamento plasmou nos fluidos astrais para lhe dar sensação de conforto e aconchego, dizendo-lhe, carinhosamente: "Desperta, Dema, que nós estamos casados uma vez mais, em nome de Jesus". E, com os olhos marejados, pegou-o nos braços, visto que ainda estava combalido pela desencarnação recente, e o levou para as zonas de refazimento e tratamento espiritual, velando por ele amorosamente.[13]

13. Esta história foi contada, numerosas vezes, pelo filho de Everilda, Robson Pinheiro, em palestras, e aqui recontada a partir da minha memória. Robson publicou uma parte dessa história (a do armário), com ainda mais detalhes, no livro *Os Espíritos em minha vida*, pp. 76-77.

Ela havia aprendido que não bastava tolerar e que apenas "suportar, sem amar" era o mesmo que dar entrada no pedido de repetição da experiência, em uma nova encarnação, pois só o amor dá sentido à vida e liberta para a eternidade. E o amor é composto de paciência, indulgência, perdão, bondade, tolerância, caridade, compaixão, compreensão, silêncio, espera etc.

Emmanuel ensina:

Na viagem, que se inicia a dois, parceiro e parceira se revelarão, um à frente do outro, tais quais são e como se encontram na realidade, evidenciando, em toda a extensão, os defeitos e as virtudes que, porventura, carreguem. Desajustes e inadaptações costumam repontar, ameaçando a estabilidade da embarcação doméstica, atirada ao navegar nas águas da experiência. É razoável se convoque o auxílio de técnicos capazes de sanar as lesões no barco em perigo, como sejam médicos e psicólogos, amigos e conselheiros, cuja contribuição se revestirá sempre de inapreciável valor; entretanto, ao desenrolar de obstáculos e provas, o conhecimento da reencarnação exerce encargo de importância por trazer aos interessados novo campo de observações e reflexões, impelindo-os à tolerância, sem a qual a rearmonização acena sempre mais longe. Homem e mulher, usando a chave de semelhante entendimento, passam mecanicamente a reconhecer que é preciso desvincular e renovar sentimentos, mas em bases de compreensão e serenidade, amor e paz.[14]

Desvinculação real só acontece a partir do estabelecimento do amor nas relações. Nesse caso, dizemos desvinculação dos débitos espirituais e dos vínculos de repetição, pois aqueles que se desvinculam pelo amor se vinculam pelo afeto sadio e respeitoso que é fonte eterna de saúde espiritual.

---

14. Francisco Cândido Xavier e Espírito Emmanuel, *Vida e sexo*, cap. 12.

Nos dias atuais, em que as pessoas e relações estão objetificadas e que boa parte da humanidade se guia por princípios de hedonismo (o prazer a todo custo) e consumismo materialista, é justo ressaltarmos a amplidão do conhecimento espírita e espiritual como ferramenta de excelência no bom aproveitamento do tempo e das oportunidades de cura integral que os reencontros afetivos propiciam.

Muita gente tem se deixado hipnotizar pela ilusão do amor romântico, como se a próxima relação ou pessoa fosse portadora somente de prazeres e soluções para o sentimento de falta e de vazio interior, e se frustrado ao perceber que, nas novas relações, passado o período da fascinação da paixão, não só não encontram o que esperavam como se repetem os mesmos problemas e as mesmas dificuldades dos relacionamentos anteriores. Mudam-se os personagens e repete-se o enredo, pois o autor do *script* continua o mesmo, determinando o mesmo movimento e atraindo para si aqueles que vibram na mesma frequência.

A compreensão da reencarnação propicia serenidade e aceitação diante das lutas da existência, dando conforto e maior serenidade para o enfrentamento do trabalho de reconhecer a si e ao outro na relação a dois. Se a ela acrescentamos a compreensão das leis sistêmicas e do nosso universo psicológico na encarnação atual, encontraremos um tesouro de recursos para a conexão com o essencial e com a fonte de força e sabedoria para o êxito do amor a dois.

Um relacionamento afetivo se aprofunda quando o casal mergulha junto na entrega e na relação. Inicialmente, cada um mergulha em sua própria história, idealizações, carências e virtudes, para se conscientizar e conectar à força que vem de sua própria família e destino, de dentro de si mesmo. E, então, juntos, mergulham no aprendizado e na arte de ofertar ao outro o melhor de cada momento e de receber o melhor que o outro tenha e possa ofertar. Lado a lado, um passo por vez, constroem aquilo que seja possível, dentro dos seus sonhos, vencendo desafios e aprofundando sempre a descoberta de si mesmos e do outro na intimidade e nas construções transformadoras da partilha a dois.

3

As leis sistêmicas que atuam nos relacionamentos afetivos

Bert Hellinger foi um terapeuta alemão [*16/Dez/1925, †19/Set/2019] que trouxe enormes contribuições teóricas e, sobretudo, práticas, no campo terapêutico das relações afetivas. Uma delas foi a percepção de que nessas relações atuam leis específicas que nos guiam como natureza, determinando movimentos e efeitos específicos.

Bert foi prisioneiro de guerra dos norte-americanos, ficou um ano em um campo de concentração, conseguiu fugir com a ajuda de amigos e retornou à Alemanha. Lá ele se filiou a uma ordem religiosa católica chamada *Marianhill*, e trabalhou como diretor de uma escola pertencente a essa ordem, que o mandou para a África do Sul, onde teve a oportunidade de trabalhar com os africâners e com os ingleses que dominavam o país naquele momento. Segundo Bert Hellinger, foi o contato com os nativos que mais o impressionou positivamente, e essa convivência trouxe muito aprendizado para ele.

É exatamente na África do Sul que ele vive uma experiência que mudaria a sua vida e que seria o pontapé inicial de uma longa busca que culminou com a descoberta das leis sistêmicas. Durante um *workshop* conduzido por um padre, cujo público eram outros padres, como ele, Bert ouviu uma pergunta que o tocou profundamente. O facilitador questionou: "Se vocês tiverem que escolher entre as pessoas e os valores, com o que é que vocês ficam?". Bert teve a íntima certeza de que deveria responder: "Com as pessoas". No entanto, olhando para si mesmo e para seus colegas de trabalho religioso, ele teve a íntima convicção de que eles ficariam com os valores. Ele, então, se fez a seguinte pergunta: "O que é que nos leva a ficar fiéis a valores mais que às pessoas?". Essa pergunta se ampliou para outras, tais como: "O que é que nos leva a ficar fiéis a padrões ou destinos familiares que trazem infelicidade ou insucesso?", "O que nos mantém aprisionados em um comportamento, mesmo quando dizemos desejar mudá-lo?", "O que nos leva a repetir situações, padrões ou destinos de nossa família, mesmo quando eles nos levam ao fracasso?" etc.

Após algum tempo, ele retornou à Alemanha, desligou-se da ordem religiosa e iniciou uma profunda busca de formações terapêuticas, estudando com os melhores de sua época. Ele fez treinamentos em *gestalt* terapia, terapia primal, terapia breve, psicanálise, representações familiares e muitas mais, até chegar ao moderno método que ampliou e que segue sempre desenvolvendo, chamado de "constelações familiares". Essa filosofia prática, como ele a descreve, permite que, a partir da experiência de alguém que se disponha a trabalhar um tema (como um conflito, uma dor afetiva ou uma dificuldade existencial, como estabelecer um relacionamento saudável ou ter um relacionamento, por exemplo), seja acessado um campo energético de sabedoria universal (campo quântico ou emaranhamento quântico) no qual se pode perceber a natureza do vínculo sistêmico que o indivíduo estabelece com os demais membros de seu sistema e que está por detrás de conflitos de natureza afetiva, nós existenciais, sentimentos, sintomas, doenças e muitos mais.

Sistema, na compreensão da constelação familiar segundo Bert Hellinger, é a nossa família biológica de origem e todos que a ela se vinculam com força de vida, isto é, todos que nela ganham vida e os que se vinculam amorosamente a um de seus membros. Também pertencem ao sistema os que dão a vida por um membro do sistema e os que salvam uma vida daquele sistema. Trata-se de vínculos fortemente estabelecidos pela força da vida.

Quando um filho chega em um sistema, como a ponta do *iceberg* daquele grupo, traz em si, em sua genética, em seu corpo, a marca de inúmeras gerações que vieram antes dele. Aquela vida que ali se inicia só começa porque antes dele uma grande multidão de pessoas fizeram o que foi necessário, a seu modo, para que a vida passasse adiante. E graças a isso é possível que aquele filho ali esteja, que aquele Espírito ali reencarne, que múltiplos reencontros sejam possíveis. Tudo isso porque cada um contribuiu, a seu tempo, para que a vida, agora, fosse possível. Esse maravilhoso fato faz com vínculos profundos de amor sejam estabelecidos entre os membros do sistema.

Bert não reconhece a reencarnação em seus escritos e não se sabe se tem conhecimento da natureza espiritual reencarnatória dos vínculos familiares. No entanto, percebeu, por meio de inúmeras constelações familiares, que os vínculos entre os membros do sistema são reais, profundos e independem da vontade consciente de qualquer membro. Assim como cada filho recebe a genética de inumeráveis membros conhecidos e desconhecidos daquele sistema, também a eles se vincula, de forma natural, por vínculos de amor que estão ocultos na alma. Esses vínculos, afirma Bert, são mais fortes com os membros de até três gerações anteriores, ou seja, até os bisavós, embora se observe, em algumas constelações, efeitos de vínculos mais antigos. Embora sejam ligações de amor, há aqueles vínculos que determinam vida e os que determinam morte; os que levam adiante e os que se mantêm aprisionados na retaguarda, na repetição; os que fluem para o êxito e os que levam ao fracasso, dentre vários outros.

Bert percebeu esses vínculos e os descreveu, bem como mostrou que uma constelação familiar não apenas permite o diagnóstico dos vínculos ocultos, mas, sobretudo, permite uma experiência afetiva potencialmente libertadora a partir da percepção das posturas que solucionam e trazem paz. Além disso, por suas ricas possibilidades e efetividade na percepção, as constelações familiares feitas por Bert se tornaram célebres e reconhecidas.

Observando milhares de constelações, Bert percebeu que alguns princípios se repetiam com frequência, embora as situações específicas fossem sempre particulares. Ele descreveu esses princípios como "as ordens do amor" ou leis sistêmicas que atuam nos relacionamentos afetivos e, com isso, deu uma enorme contribuição ao entendimento das relações afetivas e dos conflitos nelas existentes, bem como das potenciais soluções.

Como leis, os princípios descritos por Bert não se submetem à nossa vontade. São princípios da natureza a que nós, mamíferos superiores que dela fazemos parte, nos submetemos. Podemos exemplificar com a lei da gravidade, de fácil assimilação. A lei da gravidade é um princípio da natureza: uma massa de maior corpo que atrai para o seu centro as massas de menor corpo sobre a sua superfície, e que determinam órbitas ao seu redor, segundo a teoria geral da gravitação de Newton, ou o resultado da curvatura espaço-tempo que regula o movimento de objetos inertes, segundo a teoria geral da relatividade de Einstein. De qualquer forma, força da natureza. Se eu coloco as pernas para fora da janela, em um andar alto, e não me seguro, a gravidade atuará sobre mim e eu cairei, podendo quebrar as pernas ou até morrer, a depender da altura e da queda. Ao atuar sobre mim e determinar que eu caia e, por consequência, me machuque, a lei da gravidade não manifesta nenhum amor ou ódio por mim. Ela não quis me ferir nem me proteger. Ela não tem nenhuma consciência de mim, pois não é um ser senciente, mas uma força natural entre corpos inertes. O mesmo acontece com as leis sistêmicas: são leis naturais e atuam independente de vontade, consciência, aceitação, apreço ou rejeição de seus princípios. No entanto, assim como utilizamos a gravidade a nosso favor para fazer subir objetos pesados, por exemplo, também tomamos as leis sistêmicas a nosso benefício, quando dela nos damos conta e nos apropriamos dos princípios sobre os quais elas se baseiam e nos anunciam.

Bert Hellinger descreveu três leis específicas que atuam nos relacionamentos afetivos: ORDEM, EQUILÍBRIO e PERTENCIMENTO.[15] Todas elas são princípios gerais, com enunciados

---

15. Este conhecimento está em todas as obras de Bert, aqui apresentamos uma compilação didática. Ao longo do livro usaremos várias citações

simples, como qualquer lei e múltiplos desdobramentos práticos nas relações. Os enunciados das leis são simples e podemos resumi-los assim:

- **ORDEM** – "Quem veio antes, veio antes; quem veio antes é grande, quem vem depois é pequeno; quem veio antes dá, quem vem depois recebe."
- **EQUILÍBRIO** – "As trocas, em um relacionamento entre iguais, devem estar sustentadas no equilíbrio dinâmico entre o dar e o receber."
- **PERTENCIMENTO** – "Aquele ou aquilo que pertence ao sistema, pertence, não pode ser excluído. Se alguém ou algo que pertence é excluído, será representado como sintoma ou por algum descendente naquele sistema."

Vejamos agora uma a uma:

ORDEM – "Quem veio antes, veio antes; quem veio antes é grande, quem vem depois é pequeno; quem veio antes dá, quem vem depois recebe".

---

do autor, algumas com referência completa e outras sem referência. Aquelas que apresentam dados incompletos foram obtidas na internet, no Facebook e em outros *sites*, de fontes confiáveis, sem que seja possível informar em qual livro ou capítulo específico está. Informamos que as obras de Bert Hellinger no Brasil estão publicadas pela Cultrix e pela Atman (a maior parte delas), com sede em Belo Horizonte. Elas podem ser adquiridas na loja virtual da editora: www.editoraatman.com.br. Sugerimos como primeira leitura de Bert Hellinger o livro *A fonte não precisa perguntar pelo caminho*.

E ponto, como afirmam os nossos professores de constelações familiares, Décio e Wilma Oliveira, do Instituto de Desenvolvimento Sistêmico para a Vida (IDESV). Isso significa que não há exceção, não existe história que modifique a realidade. Então, na relação dos filhos com os pais, os pais vieram antes, são grandes e dão. Os filhos vieram depois, são pequenos e recebem. E ponto.

Muitos filhos e filhas desejam mudar essa realidade e invertem a ordem com as mais variadas justificativas e os variados motivos que tomam como suficientes ou justos na intimidade. Não importa os motivos que levam à inversão de ordem dos filhos com os pais, isso não muda o efeito da inversão. Imaginemos uma jarra cheia de água, com o bocal aberto, naturalmente, para cima. Ela contém a água em seu interior e, assim, pode dispensá-la em outro reservatório, como um copo, quando é feito o movimento adequado para que isso aconteça. No entanto, se eu viro essa jarra de cabeça para baixo, o seu conteúdo vaza, esparrama pelo chão e se perde, sem poder ser eficazmente contido em outro reservatório. Se, porventura, eu coloco um tampão nessa jarra, posso invertê-la sem perder o seu conteúdo, mas também não usufruirei daquilo que ela contém. Assim também acontece com o amor que flui nas relações de pais para filhos. Bert assim descreve:

> O amor preenche o que a ordem abarca.
> O amor é a água, a ordem é o jarro.
> A ordem ajunta, o amor flui.
> Ordem e amor atuam juntos.

O respeito à ordem promove o fluxo do amor em sua maior abundância. Os filhos só sentem e usufruem da grandeza mais profunda dos pais quando respeitam seu lugar como grandes, e quando assumem o lugar de pequenos, na ordem familiar. Como isso impacta a vida e a relação de casal ou os relacionamentos afetivos posteriores?

As situações que derivam dessa lei são inúmeras, vamos citar apenas algumas, a título de exemplo. Quem não respeita a ordem, não flui verdadeiramente para a sua própria vida. Quando os filhos se sentem grandes diante dos pais, seja porque os pais se colocam na condição de pequenos diante dos filhos ou porque os filhos, arrogantemente, se sentem pretensamente maiores e melhores que os pais, então se colocam em uma condição de não fluxo de vida. Isso acontece com aqueles que querem cuidar dos pais como se pais deles fossem, ou com aqueles que os criticam, exigem e os julgam pela história de vida ou por aquilo que lhes tenha faltado, bem como com aqueles que sentem dó dos pais diante de seu destino ou de sua realidade. Todas essas condições representam inversões de ordem frequentemente não percebidas e que impedem a vida de seguir adiante. O filho que fica de frente para os pais, nessa perspectiva, fica de costas para sua própria vida. Já aquele que respeita a ordem e o seu lugar de pequeno diante dos pais, mesmo quando precise, pelas circunstâncias da vida, cuidar deles, flui com êxito para sua própria vida.

Quando falamos de relacionamentos afetivos, particularmente o de casal, estamos falando de fluxo da vida para adiante, pois a relação a dois é o que permite a formação da família e da continuidade da vida, seja por meio dos filhos ou das obras de amor que deriva do casal.

Uma das mais impactantes assertivas de Bert Hellinger, que se mostra sempre muito verdadeira nos trabalhos práticos de constelação com pessoas e casais, é a que afirma: "Sem mãe, sem marido ou sem esposa". Ele demonstra, de forma prática, com a constelação familiar, que:

> Nenhuma relação posterior tem êxito enquanto a relação primária não for bem-sucedida. Todo relacionamento começa com a mãe. A maioria dos problemas surgem quando algo nessa relação não se realizou em plenitude. A alegria começa com a mãe. A felicidade mais profunda da criança consiste em estar com a mãe – essa é a felicidade original.

Isso significa que sem tomar a força e a grandeza da mãe em profundidade, a vida não segue adiante. Isso porque a mãe é a fonte da vida, e observa-se que quem não honra a fonte da vida não pode passar, eficazmente, a vida adiante.

É interessante observar que, em constelação familiar, e neste livro também, usa-se muito o termo "tomar" em vez de, simplesmente, "receber". Isso acontece porque receber implica em uma relação passiva, enquanto tomar expressa uma ação, uma atitude ativa de "ir em direção de" e conectar-se ao que deseja ser tomado. Quando dizemos "tomar a força e a grandeza da mãe", isso não significa buscar na memória se a mamãe deu ou não conforme achamos que deveria ter dado, ou continuar a exigir que ela agora dê o que não deu e que repare a "injustiça" que julgamos que ela cometeu ao nos deixar em falta de algo. Não, absolutamente não se trata disso, pois esse pensamento reflete apenas uma exigência do ego infantil que olha sempre para a falta, sem gratidão pelo que foi dado e sem reconhecimento do sacrifício honrado dos pais, pessoas comuns que se superaram, muitas vezes sem eles mesmos terem recebido, para dar algo mais a seus filhos. Tomar significa conectar-se, por meio da aceitação e da gratidão, a um movimento de honra que se alegra no coração por ser fruto daquela fonte; que bebe da grandeza comum de pais imperfeitos que fizeram, com perfeição, o necessário para que a vida passasse adiante, sem importar as circunstâncias. Tomar representa conectar-se ao movimento da vida que verte da mãe e louvar o espaço sagrado que nos gestou.

O útero materno é o altar sagrado onde reverenciamos a vida em sua máxima expressão. Tudo o mais deriva daquela decisão amorosa da mamãe em aceitar correr risco de vida para nos gerar e se dar em sacrifício para que pudéssemos ter uma chance. Aceitar que esse ato grandioso e essencial é o que determinou tudo o que verdadeiramente importa produz vida, e vida em abundância.

Só está apto a uma relação a dois aquele que toma a força da vida em sua maior grandeza, pois só é capaz de trocar aquele que está cheio. E conectar-se à grandeza dos pais não depende em nada da personalidade destes ou do que fizeram ou deixaram de fazer, apenas de uma postura de respeito e conexão.

Sempre me impressionaram os bonsais. São exuberantes em espaços tão exíguos. Não parecem se preocupar com a extensão ou característica do terreno. Não perdem tempo se ocupando de classificar o chão, pois estão ocupados em desabrochar e florescer. Para isso bebem da seiva nutriente da forma que o terreno tem para dar, sem críticas. E, naturalmente, permitem-se ser cuidados por aqueles que deles se ocupam, com humildade, respondendo com abundância a tudo que lhes é ofertado.

Abundância não é excesso nem supérfluo. Abundância é conexão com o essencial. Não importa se o solo é limitado ou o espaço reduzido. Importa apenas que as raízes estejam bem conectadas, bebendo da fonte que produz a seiva da vida. Assim também na relação dos filhos com os pais. Todo pai é solo, toda mãe, nutriente.

Para o sucesso na vida, basta que o filho esteja conectado à força de ambos. Assim, pode florescer na alegria da continuidade do amor a dois.

CRÍTICA E EXIGÊNCIA

Uma mulher assentou-se ao lado do facilitador em um *workshop* de constelação familiar e anunciou que desejava olhar para a dificuldade de ter um relacionamento afetivo. Nada fluía em sua vida. Seus relacionamentos duravam apenas um pouco de tempo e logo terminavam.

Colocados os representantes,[16] um para ela e outro para um homem qualquer, a pessoa que a representava deu alguns passos olhando para o homem com o olhar infantil. Este recuou, cerrou os braços e se mostrou indisponível. Ela insistiu, ele afastou-se ainda mais. Não

---

16. Pessoas que se voluntarizam para representar a pessoa constelada e os membros de seu sistema, de acordo com o solicitado pelo facilitador ou escolhido pela própria pessoa constelada, segundo a forma de condução da constelação por cada facilitador.

tirava os olhos dela, porém mostrava-se inacessível para um vínculo. A representante da cliente alternava entre a braveza, por não conseguir estabelecer o vínculo, e o desejo, com olhar infantilizado.

Foi colocada no campo[17] uma representante para a mãe da cliente, e a pessoa que representava a cliente logo se virou para ela e começou a chorar, soluçando e se afastando dela. Ao mesmo tempo, o homem soltou as mãos ao longo do corpo, relaxou e passou a olhar para a representante da cliente com firmeza e ternura. Estava claro o que a impedia de estabelecer um relacionamento afetivo. Cobrava, na alma,[18] que o homem a tratasse como se ela fosse uma menina ou como se fosse uma princesa, do modo como achava que a mãe deveria ter feito. Criticava a mãe por suas pretensas faltas e não tomava a grandeza e a força da mãe. Assim não era possível estabelecer vínculo de casal. Um homem procura uma mulher com quem possa trocar, em equilíbrio, e não uma menina de quem precise cuidar ou uma princesa que necessita de adoração.

Foi trabalhado com a cliente, então, aquilo que a impedia de ver a grandeza da mãe, e ela pôde perceber – muito mais que entender, pois se trata de sentir e não de racionalizar – na experiência afetiva, que era necessário, agora,

---

17. Campo é o nome dado para o campo quântico ou energético que se forma a partir de cada pessoa ali presente no *workshop* e dos que fazem parte do seus sistemas.
18. Alma, para a constelação, é o ser mais profundo, verdadeiro e essencial.

dar, ela mesma, à sua criança interior, aquilo que julgava que havia faltado, além de olhar para a grandeza do que foi possível à mamãe fazer, com todo o seu sacrifício e limitações de uma mulher comum. Assim, ela poderia se conectar à força da mãe, no respeito à ordem, e assumir o seu lugar de mulher, verdadeiramente apta a trocar com um homem de igual para igual, com respeito. Ao perceber isso, a cliente ficou em paz e sentiu-se forte, olhando para o homem com força e o atraindo para si, gravando, na alma, a imagem de uma solução que lhe cumpria executar no coração, no seu tempo.

ENTREGA INTERROMPIDA

Um homem trouxe como tema o fato de não conseguir permanecer em um relacionamento afetivo, saindo de todos, embora desejasse permanecer. Colocados os representantes, um para ele e outra para sua ex-mulher, pois havia terminado recentemente um relacionamento, viu-se que seu representante ficava irritado e inquieto, andando pela sala, enquanto a representante da ex-mulher o olhava com ternura. Colocada uma representante para a mãe, a pessoa que representava o cliente inicialmente se recusava a olhá-la. Em seguida, ficou inquieto e se afastou e, após algum tempo andando pela sala, se voltou e parou diante dela com raiva, olhando-a com pretensa superioridade. A representante da mãe chorou ao olhar para ele, embora tivesse permanecido em uma atitude firme de disponibilidade. O cliente foi colocado no campo e assumiu a mesma postura de seu representante, ao saber que se tratava da mãe. O facilitador, percebendo[19] o campo, o fez conectar-se com sua raiva, pedindo que repetisse: "Eu sinto muita raiva por você ter partido".[20] O cliente repetiu com emoção. A representante da mãe disse a ele, então, a pedido do facilitador, sob a condição de só repetir se sentisse que era verdade ou que poderia mesmo dizer: "Eu também queria ter ficado. Me custou muito ter partido." O cliente entrou em choro convulsivo. A representante da mãe, chorando sentidamente, levou a mão à sua cabeça e disse a ele: "Você segue em meu coração, e em você eu sigo vivendo". Ele caiu de joelhos diante da mãe e a abraçou com a ternura de um filho que volta de longa viagem, cheio das saudades mais sagradas da alma. Ela o acolheu com intenso afeto. Ele se entregou. A representante da ex-mulher chorou ao ver a cena e se aproximou, com ternura, permanecendo a uma breve distância. Após passado um longo tempo em que o cliente experimentava aquela conexão, ele sentiu-se muito calmo e em paz. Enquanto ele

---

19. Essa percepção do campo é um movimento de treino para uma postura interior de neutralidade que permite acessar esse campo energético de sabedoria. Não se trata de fenômeno mediúnico nem envolve Espíritos. A constelação familiar é uma filosofia totalmente independente do espiritismo ou de qualquer outra religião, embora tenha pontos de interseção ou complementaridade.
20. Após a constelação, o cliente revelou que a mãe faleceu quando ele tinha 6 anos de idade, de câncer.

experimentava aquela conexão, o representante do cliente, que continuou no campo, olhou para a representante da ex-mulher sem nenhuma raiva, com igual ternura.[21] Agora ele podia ver somente a mulher ali presente, e agora ele podia ficar, talvez com ela, talvez com outra, mas enfim ele sentia que estava disponível. Algo se completara em seu coração, e este algo foi a entrega à mãe.

---

21. Enquanto o facilitador trabalha com o cliente, o representante do cliente nos mostra o que acontece no coração do cliente, pois está diretamente conectado ao seu campo, mostrando, muitas vezes, com mais fidelidade que o próprio cliente, o que se passa, visto que o cliente pode estar tentando controlar a emoção ou a expressão dela, ou pode até mesmo sentir vergonha da situação etc.

Nesse caso, a inversão de ordem era dada por uma entrega incompleta, que representa uma queixa na alma pela ausência, em vez de uma profunda conexão com o que da mãe vive em nós. Quando um filho ou uma filha não completam a entrega à mãe, por estarem separados dela fisicamente, seja na alienação parental ou em caso de morte, é necessário completar essa entrega em algum momento. Sem isso, a vida segue incompleta e um frequente sentimento de insatisfação ou vazio permanece constante.

A inversão de ordem é especialmente problemática quando transferimos para a relação de casal aquilo que só a relação com os pais pode dar. Isso ocorre, por exemplo, quando se espera da relação uma confiança 100% ou uma dedicação incondicional. Só os pais podem ofertar isto.

A confiança na relação de casal se constrói com o tempo, a partir da entrega e da experiência, não é dada *a priori*. Quem entra de cabeça em um relacionamento, com confiança integral, é inocente e imaturo, não confiante. A desconfiança saudável requer que nos aproximemos aos poucos, com cuidado, reconhecendo e sendo reconhecidos, nos apresentando e sendo apresentados àqueles com os quais interagimos. Apenas a carência emocional leva a uma confiança plena, sem limites.

Igualmente, só os pais se dedicam incondicionalmente aos filhos. A relação de casal é regida pelo equilíbrio, sobre o qual falaremos adiante; ela não é incondicional, está submetida às trocas continuamente. Bert Hellinger comenta sobre isso:

> As ordens do amor entre o homem e a mulher são diferentes das ordens do amor entre pais e filhos. Por isso a relação do casal sofre abalo e fica perturbada quando o casal transfere irrefletidamente para ela as ordens do relacionamento entre pais e filhos.
>
> Se, por exemplo, numa relação de casal, um parceiro busca no outro um amor incondicional, como uma criança busca em seus pais, ele espera receber do outro a mesma segurança que os pais dão a seus filhos. Isso provoca uma crise na relação, fazendo com que aquele de quem se esperou demais se retraia ou se afaste. E com razão, pois ao se transferir para a relação de casal uma ordem própria da infância, comete-se uma injustiça para com o parceiro.
>
> Quando, por exemplo, um dos parceiros diz ao outro: "Sem você não posso viver" ou: "Se você for embora eu me mato", o outro precisa se afastar, pois tal exigência entre adultos

no mesmo nível hierárquico é inadmissível e intolerável. Já uma criança pode dizer algo assim a seus pais, porque sem eles realmente não pode viver.[22]

EQUILÍBRIO – "As trocas, em um relacionamento entre iguais, devem estar sustentadas no equilíbrio dinâmico entre o dar e o receber."

Quando o equilíbrio falha no relacionamento de casal, este sofre um efeito natural do movimento resultante. Uma imagem fácil de visualizar é a da balança de peso antigo, que equilibrava dois pratos suspensos no ar. Eu me lembro dessas balanças nas vendas e mercearias da minha infância, e era interessante perceber como elas quase nunca estavam paradas. Ficavam pendendo levemente de um lado para o outro, por vezes bem vagarosamente, numa ação quase imperceptível, porém havia ali um movimento contínuo, ondulatório. Assim são as trocas no relacionamento de casal quando está equilibrado. Ambos os parceiros dão e recebem, de forma delicada e sutil, sem necessidade de exaltar nem o ato de dar nem o de receber, promovendo um equilíbrio dinâmico. Naturalmente, em alguns momentos um dá mais que o outro, ou recebe mais. Quando ambos estão atentos ao relacionamento e imbuídos do cuidado com ele, logo há o equilíbrio. Também acontece – e é o mais frequente e natural – de um dar mais em uma área e outro em outra, equilibrando as trocas.

---

22. Bert Hellinger, *O amor do espírito*, p. 44.

Porém, se um dos lados dá ou recebe em excesso, isso terá um efeito no relacionamento. Imaginemos que em um lado da balança seja colocado um peso de um quilo, e no outro lado um de dez quilos. O lado mais pesado naturalmente descerá e o outro subirá, e por aí já se percebe o primeiro efeito do desequilíbrio: os lados, ou parceiros, se afastam. Mas eles não se distanciam, simplesmente. O peso de quilo, com a rapidez da subida, será lançado longe, para fora da balança. Aí se nota o segundo efeito do desequilíbrio nas trocas. O lado que recebe mais sofrerá uma força ou pressão para sair do relacionamento. E isso frequentemente acontece.

Essa situação é muito comum quando alguém, envolto em grande carência emocional, ou na necessidade de ter um relacionamento, sem acreditar que é digno ou que pode sustentá-lo sendo si mesmo, se esforça para dar muito, atendendo à demanda da outra pessoa ou criando-a, quando não exista. Quando tal situação acontece, a outra pessoa se sente sufocada, sem espaço, e fica sobrecarregada com a pressão para equilibrar, sem o conseguir, terminando por sair daquele relacionamento, não raro através de uma traição conjugal. Se isso ocorre, a pessoa que deu muito se sente enormemente magoada, pois acreditava que o outro ficaria e seria grato por ela dar mais. Não ocorrendo isso, a pessoa fica ferida e se sente vítima da outra parte, acreditando que ela foi ingrata, que a "desprezou e abandonou".

Equilibrar o relacionamento é essencial para a saúde da relação. Deixar a outra pessoa equilibrar significa respeitar a sua dignidade e o seu direito de conquistar e trocar, com respeito. Não permitir que o outro equilibre significa tratá-lo com desrespeito, como filho, necessitado, incompetente ou incapaz. Isso transforma a relação de casal em uma relação parental, pois somente na relação com os pais é que se recebe sem poder equilibrar. Quando isso acontece, o desejo sexual é o primeiro a desaparecer, pois em uma relação parental, que se assemelha à relação dos filhos com os pais, não há sexo nem troca erótica.

Um problema frequente, nesse ponto, é que normalmente se exige que o outro equilibre da maneira como queremos ou achamos que ele deva fazer, dizendo como queremos que ele faça. Isso não é equilíbrio, é controle; e o controle é expressão de falta de confiança e aceitação do outro como ele é. O outro só pode equilibrar naquilo que ele tenha para dar, da forma como possa e quando esteja livre para dar, no momento em que puder dar. Isso requer muita compreensão e comunicação entre o casal para que, juntos, estabeleçam o que necessitam, como e quando necessitam, e de acordo com as opções disponíveis diante dos impasses que requerem diálogo, concessões e acordos mútuos. Essa dinâmica também prepara o casal para lidar com os filhos, na única relação em que precisarão dar sem que seja preciso haver equilíbrio, somente gratidão.

Joan Garriga, terapeuta e constelador familiar espanhol, comenta que:

> Nem sempre é possível dar tanto quanto recebemos, mas a verdadeira gratidão de coração e a alegria de receber com frequência agem como um belo mecanismo de compensação entre o dar e o tomar. Às vezes, o dar fica equilibrado pela

radiante e genuína alegria e gratidão de quem recebe. Mas agradecer ao outro requer uma grande humildade e abertura.[23]

No equilíbrio da relação de casal também se aplica a força do entendimento do verbo tomar, que citamos quando falamos da ordem. O equilíbrio não se dá quando esperamos passivamente que o outro nos dê. É essencial ao equilíbrio que tomemos o que necessitamos, ou seja, que nos conectemos ao que o outro é e tem a ofertar, quando precisemos, de forma ativa. A atitude passiva sustenta a crítica, enquanto a postura ativa promove conexão e estabelece movimento entre o casal.

Bert Hellinger, sobre esse ponto, afirma:

> Amor é a troca de dar e tomar. Quanto maior a troca, mais pleno o amor e mais profundo o vínculo. No ato de dar e tomar, porém, percebemos rapidamente que atingimos um limite. O nosso coração pode estar pleno, mas podemos dar ao outro apenas a quantidade que ele pode tomar e o outro pode tomar apenas a quantidade que ele é capaz de dar. Posso dar a ele apenas a quantidade que consegue retribuir. Por esse motivo, o amor que se esgota torna-se vazio após algum tempo. Naturalmente deve-se tomar o que o outro tem a dar. Aquilo que o outro pode dar, às vezes não é exatamente o que desejamos. O ato de tomar exige uma determinada renúncia. Através dessa renúncia, porém, o outro é capaz de dar de verdade. Então não tomo apenas o que desejo, tomo também algo que me desafia e me permite evoluir.

---

23. Bert Hellinger, *O amor do espírito*, p. 44.

Vale a pena citar uma história que circula bastante nas redes sociais, sobre um casal:

Faz um tempo, minha esposa tomou a missão de colocar frutas no meu café da manhã.
Outro dia, uma tarde chuvosa, saí do trabalho e passei no mercado para comprar alguns mamões. Na banquinha, achei só uns poucos, e todos meio feios. Garimpei, escolhi os mais apresentáveis e acabei conseguindo três, cada um com algum defeito pequeno.
Na manhã seguinte, cortei o primeiro em dois: uma metade com umas marcas de batida na casca e a outra perfeita. Comi a parte pior – tive que jogar uma colherada no lixo – e deixei a melhor sobre o balcão da cozinha. Mesma coisa fiz na segunda manhã, com o segundo. O último que sobrou na geladeira tinha uns pontos pretos; virei-o na prateleira de um jeito que escondesse as manchas.
Pois hoje, dia do último mamão, minha mulher acordou mais cedo –normalmente eu me levanto meia hora antes – e, quando eu saí do banho, ela já tinha tomado café da manhã e cantarolava no quarto. Fui para a cozinha e estava lá meu cereal, o leite, o pão, os frios e uma metade de mamão. Na hora, lembrei dos pontinhos podres e virei o bendito para ver: imaculado. Minha esposa acabara de ficar com o pedaço ruim.
Pegando a colher, me senti meio culpado por não ter ido à cozinha antes que ela. Mas, no segundo seguinte, pensei que isso seria negar que ela também pudesse fazer algo por mim. Imagino que tenha ficado feliz por ter saído da cama mais cedo para descobrir a parte ruim do mamão e escondê-la de mim, a mesma alegria silenciosa que eu tivera nos dois dias

anteriores. Porque, no fundo, um casamento é isso: oferecer ao outro sempre a melhor metade.

Para que a troca chegue a esse nível, é necessário que haja profundo respeito entre o casal. Só com respeito a pessoa é capaz de ver verdadeiramente o outro como outro, e não como extensão de seus desejos e executor de suas vontades. Bert Hellinger completa esse pensamento afirmando:

> Pertence às Ordens do Amor entre o homem e a mulher que entre eles se estabeleça uma troca em que ambos igualmente deem e tomem. Pois cada um tem o que falta ao outro e a cada um falta o que o outro tem. Ambos precisam, portanto, no que se refere à troca, dar o que têm e tomar o que lhes falta. Em outras palavras, o homem se dá à mulher como homem e a toma como sua mulher; e a mulher se dá ao homem como mulher e o toma como seu homem. Esta Ordem do Amor é perturbada quando um deseja e o outro concede; porque o desejar parece ser algo pequeno e o conceder, algo grande. Então um dos parceiros se mostra como carente e como alguém que recebe, e o outro, embora talvez ame, mostra-se como alguém que ajuda e que dá. É como se aquele que recebe se tornasse uma criança e aquele que dá se tornasse um pai ou uma mãe. Então quem recebe precisa agradecer, como se tivesse recebido sem dar, e quem dá se sente superior e livre, como se tivesse dado sem receber. Isso, porém, impede a compensação e coloca em risco a troca. Para o bom êxito,

é preciso que ambos precisem e ambos concedam, com respeito e amor, o que o outro necessita.[24]

---

24. Trecho compilado e extraído do livro *O amor do espírito*, pp. 45-46, de Bert Hellinger.

> **Um casal enfrentou uma intensa crise após muitos** anos de casamento, o que aconteceu a partir de um episódio de traição do esposo. Ele assumiu a sua responsabilidade e manifestou à esposa arrependimento e desejo de que continuassem o relacionamento. Ela analisou suas corresponsabilidades e, ainda assim, sentiu-se profundamente ferida em sua dignidade pessoal. No entanto, ponderou sobre as qualidades do marido, a quem respeitava, mesmo após o baque na imagem que tinha dele e as conquistas que ambos haviam tido nos anos de casamento. Decidiu permanecer e reconstruir a relação, dando uma nova chance para ambos. Buscaram, então, uma ajuda profissional para que pudessem elaborar o que foi vivenciado e seguir adiante. O homem, envergonhado, dizia estar feliz com a decisão da esposa, porém parecia sentir-se humilhado com a situação. Ela, embora tivesse decidido pelo recomeço, não conseguia deixar de sentir-se vítima. Então, durante o processo terapêutico, puderam saber a diferença entre perdão e equilíbrio. O primeiro nos liberta da dor do vitimismo, o segundo restaura a dignidade da relação. Para que seguissem adiante como casal, em uma nova fase de vida, era necessário equilibrar

o relacionamento. Quem feriu deveria responsabilizar-se por compensar a outra parte, de maneira justa, de forma a fazê-la sentir-se beneficiada de alguma maneira. Então ambos poderiam restaurar o senso de respeito por cada um e olhar-se como iguais. Ela lembrou-se que havia anos que desejava fazer uma viagem à Europa que sempre era deixada de lado para não dar gasto excessivo ao marido. Este, por sua vez, sempre fazia valer suas escolhas de férias, preterindo o desejo da esposa. Ela, então, decidiu que um bom equilíbrio seria uma viagem imediata à Europa, como ela sempre sonhara, sem economia, como desejasse. Ele sentiu-se com raiva da exigência. Ela não voltou atrás, como faria anteriormente com facilidade. Então, ambos se olharam com igualdade e assentiram com a medida. Fizeram a viagem e ele não economizou, nem no dinheiro nem na atenção, assim eles recomeçaram a relação, agora mais madura e mais profunda, pois ambos estavam atentos à medida justa do equilíbrio necessário para a saúde daquele relacionamento.

Já outro casal vivenciou situação semelhante à narrada acima quando resolveu procurar Bert Hellinger em seu consultório de terapeuta para tomar consciência do que acontecia entre eles. Narraram ao terapeuta, então, que desde o episódio da traição a esposa não mais falava com o marido, e que apesar de todos os esforços para restabelecer a relação e de todos os cuidados que agora tinha, ela não se movia. Apesar disso, não desejavam afastar-se um do outro ou terminar o relacionamento.

Procuravam ajuda naquele momento porque não eram capazes de perceber como poderiam restabelecer a comunicação entre eles.

Bert ouviu a ambos atentamente e quando foi solicitado a auxiliar-lhes com a percepção da solução e da dinâmica ali oculta, ele olhou firme e carinhosamente para a mulher e disse: "Já chega, o castigo já foi suficiente". Ela se surpreendeu, olhou para o marido e sorriu. E ele, sorriu de volta para ela. Os dois se levantaram, pagaram a sessão e foram embora, retomando a conexão. O equilíbrio já havia sido restabelecido e cumpria, a partir daquele momento, não exagerar na dose do remédio, pois, como bem sabemos, medicação em excesso não é terapêutica, é venenosa.

PERTENCIMENTO – "Aquele ou aquilo que pertence ao sistema, pertence; não pode ser excluído. Se alguém ou algo que pertence é excluído, será representado como sintoma ou por algum descendente naquele sistema."

Uma das percepções mais profundas de Bert Hellinger com as constelações familiares foi a de que a Grande Consciência Universal (que Bert não se preocupa em denominar, simplesmente a descreve), não tolera nenhuma exclusão. Nela, todos pertencem e todos têm um lugar de amor e reconhecimento.

Quando, em um sistema, ocorre uma exclusão, aquele sistema passa a ficar faltoso e os efeitos são sentidos nos seus descendentes, que ficam emaranhados e não estão livres para seguir adiante com verdadeira liberdade. Frequentemente um descendente adota para si, inconscientemente, uma característica daquele que foi excluído, ou carrega a culpa por algo que foi realizado ou deixado de ser feito.

Na grande maioria das vezes, o excluído não é conhecido ou percebido como tal até que alguém identificado com um ancestral, ou com um acontecimento, lançando mão das ferramentas sistêmicas, como a constelação familiar, entenda o vínculo e possa perceber o amor que liberta e traz paz.

> **Uma jovem mulher, já mãe de um casal de filhos,** foi a um *workshop* e pediu ao terapeuta para trabalhar sua dificuldade de ficar em um relacionamento de casal. Por vezes ela abandonava a relação, e por vezes se sentia desvalorizada e abandonada pelos homens que atraía.
>
> Foram colocados uma representante para a cliente e outro para um homem. Ele não se moveu, olhando-a fixamente. Ela se afastou dele, olhando para outra direção. Em sua frente foram colocadas três mulheres, representando a linhagem materna da cliente: sua mãe, avó e bisavó. Todas olhavam para ela e choravam. A representante da cliente olhava para elas, sorria e chorava ao mesmo tempo.
>
> A cliente foi, então, posicionada no campo, e foi solicitado que olhasse detida e calmamente para cada uma das mulheres que ali estavam representadas, nos olhos, vendo o amor que elas tinham por ela. Ela começou pela bisavó, que havia se destacado e a olhava com insistência.

Pouco a pouco olhou uma a uma, calmamente. O facilitador, então, propôs a ela que dissesse uma frase àquelas mulheres: "Eu vingo cada uma de vocês. Todas vocês sofreram e foram abusadas e excluídas pelos homens. Hoje, eu vingo vocês." A cliente falou e caiu em pranto convulsivo, muito tocada. As representantes das mulheres da linhagem feminina a olhavam com dor. Elas, então, disseram a ela: "A nós nos basta o nosso destino, e nós o aceitamos. Nós já nos sacrificamos para que para você seja um pouquinho mais leve. Os homens são dignos de respeito e consideração, e as mulheres da nossa família, dignas de serem amadas".

A cliente, então, se sentiu profundamente tocada e pacificada. Após um período de tempo significativo bebendo da força e da dignidade daquelas mulheres, abandonando o sentimento de dó e olhando para elas com admiração e respeito, pôde, finalmente, virar-se na direção do homem e olhar-lhe afetuosa e respeitosamente. Ele, que não tirou os olhos dela em nenhum momento, sorriu e deu um passo em sua direção.

Um homem veio a um *workshop* e trouxe como tema o fato de não conseguir aprofundar uma relação afetiva. Ele até conseguia estabelecer vínculo e ficar na relação, mas não sentia que se entregava e a relação não avançava, até que um deles se cansasse e desistisse. Assim havia sido por três vezes, e agora, em um novo relacionamento, desejava fazer diferente e não experimentar a desistência, que já se anunciava.

Colocado um representante para o sintoma – desistência – ele logo se mostrou conectado a alguém que não mais vivia. Foi colocado um representante para essa pessoa e sua postura foi a de uma criança. O representante do sintoma a olhava detida e interessadamente, e abaixou-se em sua direção, deitando-se ao lado dela. Foi colocada uma representante para a mãe do cliente, que logo se conectou, igualmente, à criança, e alternava o olhar entre o representante do sintoma e a criança.

Foi perguntado, então, ao cliente, a partir da percepção do campo, se sua mãe havia tido um aborto ou perdido um filho. Ele disse que sim e se emocionou. Era algo oculto na família, que ninguém comentava, por se tratar de um episódio de aborto espontâneo que havia sido muito doloroso para a mãe, antes de seu nascimento. Ele, que se julgava o primogênito, percebia, agora, que era o segundo filho. Tratava-se, ali, de uma conexão de amor cego com o irmão excluído.

Aqueles que não viveram são tão filhos quanto aqueles que seguem vivendo, e igualmente pertencem ao sistema familiar, devendo ser contados na ordem familiar e incluídos. Eles necessitam de duas coisas: respeito pelo seu destino e um lugar de amor no coração dos pais e irmãos. Estes sempre os amam, seja esse amor consciente ou não, porém frequentemente esses filhos e irmãos são excluídos, em uma visão utilitarista da vida, como se por não terem nascido não merecessem ser contados como membros da família, ou são omitidos para evitar a dor da perda, em um eterno luto silencioso.

> O cliente foi, então, posicionado no campo, e teve a oportunidade de olhar o irmão (se tratava de um irmão) nos olhos e de senti-lo. O cliente, então, disse a ele: "Se você não pôde, eu também não posso. Por amor a você eu não usufruo da vida". O irmão se angustiou profundamente e começou a chorar. Aquele amor, assim expresso, não o homenageava, antes era um peso que se convertia em uma grande dor. O facilitador, então, propôs: "Experimente dizer a ele: 'No meu coração, eu vejo você. Você me faz muita falta. Tanta, que sem você tenho sentido que sou incompleto. Mas agora que vejo o seu amor por mim, farei algo bom por mim em sua homenagem, com você em meu coração.'" O representante do irmão se alegrou e sorriu, aconchegando-se a ele em um abraço de ternura que o emocionou.

Nesse caso, o amor do cliente pelo irmão era chamado de amor cego, pois essa natureza de amor pelos excluídos somente vê o nosso amor por eles em uma só direção, e não enxerga o amor deles por nós, igualmente presente e atuante. Quando se pode ver o amor do outro e honrá-lo, é possível sair das pulsões de morte para as pulsões de vida, dos movimentos em direção ao menos para os movimentos que nos levam ao mais e, então, com o coração cheio dos amores que o compõem, é possível aprofundar relações e usufruir da vida e das oportunidades que nos foram dadas, em plenitude.

Paixão: a antessala do amor

4

"**E**la me enganou", falou, agitado, tão logo entrou no consultório. "Não era nada do que eu achei que ela fosse", completou. O terapeuta o ouviu, silencioso. Já o acompanhava há alguns meses, desde quando ele terminara um relacionamento. Pouco tempo depois, ele havia conhecido aquela que classificou como "a mulher de sua vida".

Eles se viram pela primeira vez em uma noite, em um bar. A atração foi imediata, como uma explosão de dois barris de pólvora que encontram um no outro a faísca que desejavam. Ficaram ambos extasiados pela força do encontro, da química, das aparentes afinidades.

Passaram a se ver todos os dias, não se desgrudavam para nada. Ambos livres para estabelecer um relacionamento, decidiram morar juntos com um mês de relação. No primeiro mês foi lua de mel, só alegria e diversão. Então, começaram os problemas.

Ela exigia isto; ele criticava aquilo. Ela perdia o controle; ele exasperava com frequência. Começaram a se acusar de não serem aquilo que haviam inicialmente demonstrado.

> "Ela foi falsa comigo", disse o cliente.
> O terapeuta, então, perguntou a ele: "Ela foi falsa ou você quis ser enganado? Semana passada você comentou que preferia ir ao *shopping* popular comprar produtos provenientes do Paraguai a pagar o alto preço que os produtos originais custam, você se lembra?" Ele concordou. O terapeuta prosseguiu: "Eu então lhe perguntei: 'Mas você não se importa em checar a qualidade do que compra, em ver se o produto tem mesmo a qualidade que anuncia?' Você me respondeu: 'O que me importa é estar satisfeito em ter aquele produto e as pessoas pensarem que é verdadeiro.' Ficou claro que você dá mais valor à aparência que ao conteúdo."
> O cliente, então, assentiu, acalmando-se.
> Pois o mesmo acontece nas relações afetivas. Quem se casa apressadamente, sem conhecer o outro e sem se dar a conhecer, se casa com a própria paixão, com a própria carência. Compra gato por lebre. Se alegra com a aparência, não se importa verdadeiramente com o conteúdo.
> Ambos mentiram, um para o outro. E ambos foram honestos, mostraram somente o que encantaria o outro para não o perder. É natural, na paixão vivemos de doces ilusões.

Sempre imaginei um filme ou enredo que começasse exatamente naquele ponto onde os contos de fada terminam: "E foram felizes para sempre". Talvez poucos tenham se perguntado por que o filme acaba ali, afinal de contas todos gostamos de histórias com aparentes finais felizes, nos quais todos gozam de prazer e ventura sem sofrimento ou desilusão. Seria muito interessante se aquela frase fosse substituída por algo mais real e os contos de fadas terminassem assim: "E então começou a luta...". Afinal, relacionar-se é superar-se, adaptar-se e transformar-se continuamente. Claro que essa luta tem um enorme ganho, senão ninguém a enfrentaria. No entanto, só nos contos de fada a vida é composta apenas de paixão, entusiasmo e sonhos. Na vida real, a paixão é a introdução de uma longa jornada a dois, na qual o amor pode acontecer, ou não...

Paixão e amor são realidades bem distintas.

A paixão é um doce estado de obsessão natural. E não se trata de obsessão simples, e sim de uma fascinação. Deliciosa fascinação, é verdade, porém uma ilusão necessária, pois ninguém enfrentaria um reencontro com um desafeto anterior sem a bênção da amnésia do passado e as ilusões naturais da paixão.

A paixão é um estado afetivo movido pelas necessidades interiores daquele que está apaixonado. Trata-se de um estado transitório, passageiro, que dura alguns meses e que é guiado pelas carências emocionais que todos trazemos no coração.

Durante a paixão julgamos ver a realidade, no entanto, somente vemos o que desejamos ver. Nos primeiros meses da paixão estamos amando a nós mesmos projetados no outro. Amamos a situação, mais que a pessoa. Amamos não estarmos sozinho, amamos ter a quem amar, amamos não estarmos imersos na solidão.

Durante esse período fazemos vista grossa para todos os sinais que ameaçam contradizer nossas idealizações interiores e sonhos de ventura. Permitimos que as subpersonalidades afins se alinhem, sem observarmos o todo.

É muito comum que, nesse período, sejam feitas juras de amor eterno e que a pessoa acredite que nada poderá destruir aquele afeto, de tão intenso que ele é. Hoje em dia, muitas pessoas se casam apressadamente nesse intervalo de tempo. É aí que a luta começa.

No convívio a dois, seja no casamento ou na coabitação, ambos passam a se conhecer melhor, a ver as manias, as características e os efeitos da educação familiar ou da falta dela, os mimos, as dificuldades e as qualidades, as belezas, os talentos e as potencialidades.

A mulher percebe que o pavão é lindo, mas o pé é horroroso. O homem percebe que não só a bruxa vira princesa, mas a princesa também vira bruxa, a depender do estímulo. A mulher percebe no homem algumas características do *Shrek*, personagem ogro de desenho animado, e o homem igualmente reconhece sinais da Fiona, a ogra, na amada. E é aí que o amor pode acontecer.

O amor não se constrói de ilusões nem de fantasias. O amor é uma experiência madura de encontro, adaptação, somatória, multiplicação e divisão em uma vida a dois. Ele nasce de um olhar que tolera a decepção das idealizações infantis e suporta o real, com sua beleza intensa e sua humanidade encantadora.

SUBPERSONALIDADES

Rubem Alves, poeta e psicanalista, escreveu certa vez que somos um albergue, que dentro de nós moram vários eus, e que cada hora um coloca a cara na janela. Depende de quem chama do lado de fora, ou do estímulo que aflora de dentro. Esse albergue tem um síndico, que é responsável por legislar e regular a relação dos vários eus ou das chamadas subpersonalidades que nós temos, como por exemplo: o filho, o marido, o profissional, o roqueiro, o espírita, o esportista, o poeta, o leviano, o mesquinho, o sonhador, o romântico; ou a filha, a esposa, a profissional, a amante de música clássica, a racional, a evangélica, a pianista etc.[25]

Cada uma dessas subpersonalidades – também chamadas de máscaras psicológicas – tem os seus gostos, a sua identidade, os seus anseios, suas idealizações. Buscamos, no dia a dia, aquelas pessoas que se afinizem com os muitos eus que vivem em nós, e aquelas que se encaixem nas idealizações do que sentimos ou pensamos que nos falte, para a complementaridade.

Então, se alguém é muito tímida, vai se relacionar tanto com outras pessoas tímidas, para se sentir segura, quanto com pessoas extrovertidas, que lhe causam admiração – e também certo medo – por ter aquilo que lhe falta e que gostaria de ter.

O mesmo acontece no estabelecimento dos pares românticos. Buscamos pessoas que se encaixem nos ideais de homem e mulher que inconscientemente estabelecemos no desenvolvimento psicossexual durante a infância e a juventude. Buscamos aqueles que nos lembram a mamãe ou o papai, ou que a eles se oponha, a depender de nossas identificações interiores.

Gosto muito de uma personagem do artesanato e folclore mineiro, a namoradeira. Ela é representada como uma

---

[25]. Rubem Alves, *O amor que acende a lua*, pp. 81-96.

mulher sonhadora, que fica na janela com o queixo apoiado na mão, suspirando pelos homens que passam enquanto aguarda algo. O que é que a namoradeira representa e o que ela deseja?

A namoradeira – que no estado do Rio de Janeiro é chamada de fofoqueira (justo, porque enquanto aguarda o que quer e não encontra, observa e comenta a vida alheia) – representa uma subpersonalidade feminina romântica (que alguns homens também possuem) e que aguarda o encontro com um príncipe encantado. Para ela não basta um homem comum, tem que ser um príncipe, que se caracteriza por ser bonito, elegante, galante, respeitoso, gentil, rico, disponível e de família... e ela acha que esse homem existe, por isso não sai da janela.

Imaginemos que na calçada dessa namoradeira passe um homem que seja bonito, gentil e elegante, e que a olhe com interesse. Ela olha para ele, analisa e se sente imediatamente atraída, pois aquela imagem se casa à imagem interna que ela busca e deseja. Ele possui três características das várias que ela deseja, mas ela não se ocupa de checar as outras, afinal já está apaixonada. E abre a guarda para o encantamento e o vínculo. Daí para diante, é fácil deduzir: em dois meses está casada, em três decepcionada, no quarto deprimida e no quinto divorciada.

Afinal, o que aconteceu? Ela encontrou um homem que lhe mostrou uma subpersonalidade que se encaixava com a sua subpersonalidade e aí houve o encantamento. Assim se dá no dia a dia.

Buscamos, na relação de casal, estabelecer pactos de proteção mútua, baseados em nossos medos e necessidades, como, por exemplo, um parceiro cuidar das questões emocionais e outro das questões práticas da vida. Um protege o outro e ambos evitam que tenham que enfrentar a si mesmos nas suas áreas mais frágeis: "Você me protege da minha sombra com sua força, e assim eu evito o contato com minha fragilidade emocional; e eu te ofereço a evitação do desenvolvimento de sua autonomia e senso de valor para as questões objetivas da vida", por exemplo. São acordos sustentados no encaixe das subpersonalidades – e existem inúmeros – até que sobrevenha uma crise decorrente dessa prisão voluntária e agradável, e com ela a necessidade de crescimento e mudança.

Esses pactos ou acordos, decorrentes do casamento das subpersonalidades, são implícitos, e não explícitos, e são inconscientes na imensa maioria das vezes. Podemos nos dar conta deles no processo de desenvolvimento pessoal ou em um trabalho psicoterápico, mas acontecem de forma natural, sem que nos apercebamos de pronto aquilo que buscamos e o que oferecemos como casal.

Uma pessoa submissa e passiva buscará uma pessoa controladora e ativa. Ambas se encantarão por ver no outro o que lhe falta e o que desejam para continuarem a ser o que são. Estabelecerão uma relação, com seus ganhos da complementaridade, no entanto, em breve começarão a perceber que a paixão cede espaço para a realidade e que todo ganho é acompanhado de perda e de sacrifício. Não há conquista sem renúncia. Sempre morre algo para que o novo venha, da mesma forma que o trigo é esmagado para que nasça o pão. Aí virá a crise.

Nesse caso, a pessoa controladora necessita da submissa, mas cobrará dela a passividade quando esta não for de seu interesse ou quando se sentir sobrecarregada com as responsabilidades. A pessoa passiva deseja o controle da outra, mas cobrará dela falta de espaço, individualidade e direitos quando esse controle lhe cobrar um preço excessivo. E assim, a luta de adaptação, renúncias, concessões e acordos sempre acontecem, em todo relacionamento.

Como, então, diminuir o peso que isso possa representar e estabelecer uma relação mais leve e prazerosa? Somente através do autoconhecimento. Aquele que não conhece as suas subpersonalidades ou as características, desejos e pulsões de seu interior não está apto a estabelecer um diálogo que seja proveitoso, pois estará a todo tempo projetando a sua sombra sobre o outro, e recebendo a do outro sobre si, sem capacidade de elaboração e ressignificação. Assim se constroem e se sustentam as mágoas, os melindres, as queixas e as críticas dos relacionamentos.

Reconhecer o que vive na intimidade de cada um de nós, através de um longo processo psicoterápico de autoenfrentamento e autoacolhimento, é processo essencial para que se construa o terreno propício para o amor.

Há pessoas que não suportam esse enfrentamento e se viciam na paixão, sempre buscando relacionamentos nos quais possa viver o êxtase do prazer e do encantamento sem as dores do autoenfrentamento e da consciência de si mesmo. Tais pessoas passam a usar o outro, muitas vezes inconscientemente, para viver a euforia das emoções iniciais dos relacionamentos, a satisfação e o sentimento de poder da conquista e da sedução. Vivem muitos romances, mas não se aprofundam em relacionamento algum, e se tornam, com o tempo, amargurados e solitários.

Alguns vivem esse padrão há tantos anos que já perderam o endereço de casa e do próprio coração. Vivem a excitação contínua por meio do álcool, das drogas ou das baladas sem fim, para anestesiar a dor de não se conhecerem e não possuírem a si mesmos, ou de não serem aptos aos desafios do amor a dois com todas as renúncias, concessões, acordos e aceitações que requer. Frequentemente têm filhos em relações fortuitas, criando dramas familiares que perpetuam padrões de abandono ou ausência, como eles mesmos podem ter vivido ou interpretado.

O amor a dois requer consciência, disponibilidade, entrega, enfrentamento, persistência e perseverança na conquista de si mesmo e do outro. Ele só acontece no tempo, a partir de múltiplas aproximações e reconhecimentos, adaptações e renúncias. Quem se nega a abandonar parcial ou totalmente as idealizações infantis construídas a partir dos contos de fada ou dos filmes de *Hollywood*, nas ilusões do amor romântico estilo *Cinderela* ou dos atos heroicos estilo *Superman*, vive a desilusão de repetir experiências solitárias dentro da relação a dois.

"A paixão é cega, mas o amor não. O amor aceita e deseja o outro tal como ele é", ensina Bert Hellinger.

A paixão é um doce estado necessário, porém só o amor pode dar alimento e substância para a alegria interior. Há muita grandeza em amar o imperfeito, o incompleto, o parcialmente possível, acolhendo em si mesmo aquilo que lhe falta para aceitar, com compaixão, aquilo que falte ao outro.

Todos somos luz e sombra, beleza e feiura, erros e acertos.

O pai da psicologia analítica, Carl Gustav Jung, asseverou, com muita propriedade, que: "Qualquer árvore que queira tocar os céus precisa ter raízes tão profundas a ponto de tocar os infernos." Muito lindo isso.

Qualquer construção a dois que cresça também aumenta o nosso contato com a sombra, pessoal, do outro e da relação, que se tornam evidentes, requisitando consciência, escolha e decisão. E aí o amor tem papel de excelência, pois ao ressaltar a luz, o que é cheio e valoroso, um fortalece o outro e o casal, para o enfrentamento de si mesmo e a autossuperação.

Assim, as conquistas se somam e a vida caminha para o mais, com leveza e alegria na relação.

TER PARCEIRO(A) E SER PARCEIRO(A)

Um dos enfrentamentos necessários com a nossa sombra é observar qual o padrão que há em nós na busca de um relacionamento afetivo. Cada um deve se perguntar se está disposto a ser parceiro(a) no mesmo nível em que deseja ter um(a) parceiro(a). Essa questão pode parecer óbvia, mas não é. Muitas pessoas vivem os relacionamentos afetivos como uma aquisição e não uma experiência pessoal, como algo que necessitam ter em vez de algo que se pode experimentar e fazer crescer nele, com alegria.

A maioria das pessoas vive da falta do que não se tem e não do que não se é. Desejam preencher o seu vazio sem olhar mais profundamente para o que têm a oferecer naquele relacionamento e para as habilidades interiores para estar inteiro(a) em uma relação entre adultos, com trocas equilibradas e afeto partilhado.

Quem quer apenas ter um(a) parceiro(a), exige que o outro faça por si aquilo que deseja, que dê demonstrações de amor sem cessar, esteja disponível todo o tempo, se preocupe com suas questões, seja presente e afetuoso etc.

Se o outro não aceita tal situação e exige na mesma medida, dentro do equilíbrio do dar e receber, sente que não é amado(a) o suficiente, que a outra pessoa não deseja o relacionamento, e por aí vai.

São manifestações da carência emotivo-afetiva que levam a buscar a ter e não a ser.

Quem assim age, vive de paixões e exige que o outro esteja permanentemente apaixonado. Em relações assim não há lugar para o amor.

Não há relação sem duas pessoas desejosas, entregues, dispostas a fazer o necessário para ver o outro e se dar a conhecer, em igual medida.

Só assim o amor pode nascer, na experiência do real, do humano, do comum e do imperfeito, para além da doce ilusão projetiva da paixão.

SE A VIDA É UMA ESCOLA, O CASAMENTO É UMA UNIVERSIDADE.

— Ana Luiza
[nome fictício]

Quando eu e meu marido nos conhecemos, já não éramos tão novos. Eu, uma servidora pública da área da saúde, e ele, advogado. Namoramos dois anos antes de nos casarmos. Como passei no concurso cedo, não tive dificuldades financeiras ao longo da minha carreira. Adorava usar o dinheiro para viajar, comprar e me divertir. Nunca fiz dívidas, mas também nunca tinha reservas financeiras.

A minha família de origem tinha algumas características diferentes da dele: festeira, animada, todos falavam alto e o pior: tínhamos a certeza de que éramos a família mais feliz e mais unida da minha cidade.

Achei que as nossas diferenças não iriam atrapalhar o nosso casamento. Ele sempre foi racional demais e eu, pura emoção. Quando íamos ao teatro, eu me enfartava de rir e ele sempre comedido, não se permitia achar graça com aquele excesso de bobagem. Fazia observações críticas a respeito daquele tipo de comédia. Ele gostava de humores inteligentes, como os comentários de Machado de Assis e as descrição dos personagens de Gabriel García Márquez. Início de namoro, tudo é lindo: eu achava ele o homem mais equilibrado e inteligente e ele, quando olhava para mim dando gargalhadas, me achava a pessoa mais espontânea do planeta.

O namoro corria bem, cheio de ilusões, até que chegou a hora de conhecer a família dele. Em vez de ser um churrasco, como foi na casa dos meus pais, sua mãe nos ofereceu um chá da tarde. Eu não sabia nem o que conversar em um evento que não teria música nem bagunça. E, por amor, lá fui eu. A mesa posta com toalha de renda, xícaras pintadas à mão (não sei até hoje se eram ou não porcelanas), um bule igual ao da minha bisavó e diferentes biscoitinhos espalhados por pequenos pratinhos. Todos falavam baixo e o pior: conversaram um pouquinho e logo cada um foi fazer as suas coisas. Desde quando se recebe visita assim? Lembro-me de ter me sentido pouco ou quase nada importante para eles.

E foi a partir desse dia que despertou em mim preconceitos terríveis a respeito daquelas pessoas. Só porque eles não me trataram como eu gostaria, comecei a enxergá-los como pessoas esquisitas, sistemáticas, mal resolvidas e tristes. Descobri em terapia que fixei nos meus olhos uma lente com a imagem da minha família: passei a acreditar que ela deveria ser a referência para nossa futura família.

Um pouco antes da nossa união, eu ainda me questionava se ele era mesmo meu verdadeiro amor, com tantas diferenças entre nós dois. Como poderia duas pessoas tão diferentes se gostarem tanto? Não era mais fácil achar um companheiro com mais afinidades, e com uma sogra mais parecida comigo? Seria o futuro daquele relacionamento um encontro de provas reencarnatória?

Quando nos casamos, nossas diferenças se agravaram, porque eu me achava a pessoa certa e bem resolvida, interpretava que todas as suas observações vinham de projeções que ele não tinha trabalhado com sua família de origem.

Um sentimento horrível de falta de compreensão passou a me assombrar. Quando ele falava que eu precisava economizar um pouco mais, logo eu pensava: "Ele fala isso porque nunca se permitiu fazer coisas divertidas com o dinheiro." Quando ele pedia para eu me acalmar um pouco, eu pensava: "Ele tem inveja da minha energia para fazer as coisas." A cada frase que ele dizia, eu interpretava do meu jeito. Um abismo gigante se apossou da nossa relação. Vi o nosso casamento por um fio.

Com o casamento em crise, não tive outra saída: procurei psicoterapia, homeopatia e constelação familiar. Eu sabia que ele era uma boa pessoa e que valeria a pena. Não foi fácil. Descobri o tamanho do meu egoísmo: a fonte de todas as minhas percepções e pensamentos se baseavam somente no meu ego e nas minhas experiências de vida. Eu já não conseguia ver o amor do meu marido: só sabia interpretar as palavras que ele me dizia.

A dor foi grande quando passei a escutar suas observações e compreender que na maioria delas, ele tinha razão. Eu me envolvia demais com os problemas dos meus pais. E o pior: descobri, nos processos terapêuticos, que eu era uma pessoa simbiótica com minha família de origem. Lembra daquela família feliz que eu achava que tinha? Era tudo interpretação e construção da minha mente.

Cheguei a pensar que eu era um Espírito mais evoluído que ele, e que por isso deveria ajudá-lo a evoluir, uma vez que ele quase não manifestava emoções. Quanta cegueira! Quantos anos perdidos acreditando que eu era uma pessoa, e na verdade eu nunca tinha me enxergado direito!

Depois de ter olhado com muita resistência para aquilo que escondia de mim mesma, comecei a observar no meu coração se as pontuações que meu marido me fazia tinham alguma razão. Sim, porque quando ele dizia: "Você é agarrada demais à sua família", eu, no meu padrão mental de defesa, retrucava: "Você é que é mal resolvido com sua família, vocês nem conversam!"

Nos tratamentos terapêuticos, observei que existiam duas formas de conviver com as diferenças: a primeira foi a que levou meu casamento a uma crise terrível; a segunda é a forma que me trouxe de volta para o relacionamento amoroso e para dentro de mim mesma. Esta última exige humildade, coragem e autoconhecimento.

Um dia, no consultório, contei ao dr. Andrei sobre meus dois esquemas de escuta para crescer com as diferenças. E ele, contente com minhas descobertas, me sugeriu mais tarde escrever essa experiência aqui neste livro.

O esquema da escuta falida (tudo se baseava nas minhas interpretações):

1. **Eu escutava:**

"Você é agarrada demais com sua família, precisa aprender a se envolver menos."

"Você exagera com as pessoas. Elas acabam explorando você."

2. **Localizava no outro seus defeitos para justificar o que ele(a) estava dizendo:**

"Aposto que você falou isso porque você é mal resolvido com a sua família. Você não se envolve e vocês não têm diálogo."

"Acho que você inveja o tanto que as pessoas gostam de mim."

3. **Olhava somente para os meus sentimentos:**

"Ele não entende e não aceita o meu jeito de ser. Ele projeta em mim seus problemas."

"Ele não faz questão nenhuma de agradar ninguém e acha que eu tenho que ser assim."

4. Tomava atitude de acordo com o que era melhor apenas para mim mesma:
"Não vou comentar mais as coisas com ele. Talvez eu me afaste um pouco para não sofrer. Ele não me entende e não aceita minha alegria, minha família e meus amigos."

Meu marido me fez ver que aquele modo como eu funcionei a vida inteira não estava me fazendo bem. Construí, desde pequena, um papel de "boazinha" com as pessoas e com a minha família. Passei a observar minha simbiose com minha família de origem. Eu já não sabia mais quem eu era. Somente um homem com experiências diferentes das minhas poderia mesmo me alertar sobre meus padrões de comportamentos que, para mim, eram automáticos e invisíveis. Vi vários casamentos de amigas passando por crises por falta de autoconhecimento do casal.

Foi difícil entender que autoconhecimento não é apenas nomear e interpretar as atitudes do outro. Precisamos olhar para nossa história, para os papéis e crenças que construímos, para as dores não resolvidas da infância e o mais difícil: **enxergar os efeitos** de nossas atitudes no relacionamento amoroso.

O esquema que encontrei para me aproximar melhor de meu marido, e da minha própria essência, foi este:

Escutei: "Você é agarrada demais com sua família, precisa aprender a se envolver menos." Ou: "Você exagera com as pessoas. Elas acabam explorando você."

Esvaziei as suas interpretações e tentei entender o que o outro estava dizendo: "Nossa, é ruim escutar isso. O que você observou que eu não observei? Por que você diz isso?" Ele, preocupado, respondeu: "Você já reparou como você volta de lá? Mais distante, mais afastada, nervosa... Passa a semana com o olhar distante. E já reparou como você se doa em excesso? Depois fica aí, sem vontade de fazer as coisas."

Observei o efeito do comportamento na minha vida e no relacionamento: de fato, eu exagerava ao querer ajudar as pessoas e minha família. Isso me deixava cansada e longe dele. Era necessário dosar aquele comportamento.

Acreditei, por muitos anos da minha vida, que um casal cresce junto porque os pares são harmônicos, não brigam e têm muito diálogo. Não. Um casal cresce junto porque nas diferenças que incomodam cada um pode descobrir padrões de comportamento adquiridos na infância que não funcionam mais.

É desafiador crescer junto. Dói porque você é convidado a rever onde suas crenças e padrões ficaram estagnados. Infelizmente, temos a tendência de nos acomodarmos na zona de conforto, onde não é preciso fazer movimento. É mais fácil dizer que o outro é chato e que somos vítimas.

Depois de ter somatizado e sentir alguns sintomas físicos, o que me levou a procurar a homeopatia com o dr. Andrei Moreira, pude compreender que meu marido provocou em mim emoções profundas e que, com ele, tenho sempre um convite para mudar e ser uma pessoa melhor, inclusive para mim mesma. E sei que também provoco reflexões para que ele, igualmente, seja alguém melhor consigo próprio."

O que impede e o que permite que o amor flua na relação de casal

5

Uma mulher trouxe como tema em um *workshop* a dificuldade de ter um relacionamento de casal. Encontrava-se sozinha há muito tempo e só atraía homens que, após algum tempo, se cansavam da relação e saíam. Ela se sentia só e abandonada.

Foi colocada uma representante para ela e outra para o último homem com quem ela se relacionou mais longamente. A representante da cliente logo se virou para o lado direito do homem e passou a olhar fixa e emocionadamente para outro ponto. O facilitador perguntou a ela, então, se havia tido algum amor antes dele. Ela respondeu: "Amor não, tive um casamento, mas não foi amor". Estava claro que aquela cliente não olhava para aquele relacionamento com respeito e, por algum motivo qualquer, o excluía.

Colocado um representante para o ex-marido, eles logo se olharam e se emocionaram. Ele a buscou, andando em sua direção, e a representante da cliente se afastou, de cara feia, como se estivesse magoada.

O facilitador, então, interveio, colocando a cliente no campo e propondo a ela que dissesse: "Você foi o meu primeiro amor". A cliente se recusou, dizendo: "Não foi. Ele não me tratava bem". Então foi questionado a ela quanto tempo havia durado aquele relacionamento e ela disse: "Dez anos". Como é que alguém fica dez anos em um relacionamento e julga que não houve amor? Isso só é possível quando se olha apenas para o que está vazio na relação e não para o que foi cheio. Essa postura é como a de uma criança, e não como a de um adulto. Ficava claro, ali, que o problema original não era com aquele homem, e sim com o pai. Colocado um representante para o pai e outro para a mãe, a representante da cliente logo se colocou entre o pai e a mãe, como a tentar proteger a mãe. Então, a representante da mãe lhe disse: "Você é uma filha fiel, mas eu dou conta sozinha. O seu pai é um bom homem e eu o amei muito e ainda o amo. Você é fruto desse amor. Eu me alegro que você possa amá-lo livremente, também". A cliente, então, chorou como criança pequena, olhando para o pai e percebendo a saudade que sentia e o quanto lhe custava ficar longe dele, no coração, pela crítica que estabelecia julgando a forma como ele tratava a mãe. Ela achava que que podia compreender ou criticar aquela relação, pois julgava-se maior e melhor que os dois, apta a analisar e dizer como deviam se comportar. Não percebia que estavam juntos havia quarenta anos e que só o amor justificaria aquela relação. Pôde, então, naquele momento, experimentar o seu lugar de pequena, e a liberdade de poder amar, igualmente, ao papai e à mamãe. Após um tempo experimentando isso, foi proposto à cliente que olhasse para a mãe e dissesse: "Eu preciso muito aprender com a senhora como tolerar as pequenas frustrações e insatisfações da relação a dois e como não exigir do meu homem aquilo que ele não possa me dar, e nem de mim aquilo que eu não tenha a ofertar".

A cliente se sentiu profundamente tocada com o amor grandioso da mãe pelo pai e dele por ela, e pôde, então, olhar para o seu ex-marido com outros olhos. Agora o papai estava de volta em seu coração, e a mamãe já não era mais a mulher passiva, indefesa, que necessitava ser protegida, mas a mulher sabiamente ativa que sabia manipular o silêncio e o equilíbrio no dar e receber, oculto aos olhos dos filhos, no dia a dia, com maestria, a ponto de permanecer longos anos naquela relação amorosa humana, imperfeita, comum. O papai também não era mais o homem abusivo, e sim um homem comum, que também escolhia ficar e sabia manejar suas satisfações e insatisfações, equilibrando sempre e pagando o preço que mamãe sabia cobrar, silenciosamente.

Ao olhar, então, para o ex-marido, pôde olhar para o que estava cheio nele e para o amor que sentiu – e ainda sentia – naqueles dez anos de relacionamento que havia terminado não fazia muitos anos. Ela, então, pôde dizer a ele: "Você foi, é e sempre será o meu primeiro amor". Chegou mesmo a reconhecer: "E ainda é o meu atual amor. É uma pena que não tenhamos podido seguir. Teria sido uma alegria". E chorou sentidamente. O representante do marido chorou junto, mostrando que, na alma, ele sentia o mesmo. Ela pôde ver o seu amor e se despedir dele, reconciliada.

Não há ex-parceiros ou ex-parceiras, ex-esposos, namorados, amores... Só há o primeiro amor, o segundo amor, o terceiro etc. Nenhum amor que venha depois substitui ou exclui os que vieram antes. Só é possível que o amor flua para um outro relacionamento quando o coração segue reconciliado com os amores que vieram antes, isto é, com um lugar de amor e de afeto no coração por tudo de bom que foi vivido antes. Assim, é possível ao futuro ter uma chance.

EM UM RELACIONAMENTO AFETIVO 1 + 1 = ?

Essa é uma pergunta frequente que faço às pessoas e casais, tanto no consultório quanto em palestras e *workshops*, e que sempre deixa as pessoas meio perdidas.

Boa parte diz que em um relacionamento afetivo 1 + 1 = 2; outros dizem que 1 + 1 = 1 e outros assumem não saber a resposta ao certo.

Em uma relação a dois, 1+1 = 3.

Quando em uma relação afetiva 1+1=1, então o casal perde a identidade pessoal e assume uma só personalidade coletiva. Nesse movimento não há espaço para individualidades, para ser si mesmo. Uma personalidade se sobrepõe à outra, alguém ficará no controle e alguém sairá anulado nessa relação.

É o caso daqueles casais que necessitam fazer tudo junto, que só saem se estiverem os dois presentes, que têm somente amigos em comum, e se o outro não estiver incluído em algo, não fazem nada. Eu me lembro de um casal assim. Estavam viajando com um grupo de casais amigos e a esposa foi chamada pelas outras mulheres para saírem sozinhas, irem ao centro da cidade onde visitariam uma feira de artesanato. Desejavam estar entre amigas, em um passeio simples. Deixaram claro para ela que seriam só as mulheres e aquela esposa, embora muito desejosa de ir, declinou do convite, deixando as amigas muito frustradas pela sua ausência.

Em outra oportunidade, alguém perguntou a ela: "Não te incomoda o fato de terem que estar sempre juntos, sem espaço para individualidade?" Foi uma pergunta atrevida e um pouco invasiva. Ela olhou meio constrangida e respondeu: "Não, não me incomoda nada". Tempos depois, o casal se separaria devido a uma traição conjugal.

Casais assim fazem tudo junto até que venha uma crise, pois sem individualidade não há espaço para que o relacionamento se vitalize e respire. Há algo que sufoca. Joanna de Ângelis comenta sobre essa situação:

> Um relacionamento conjugal, mesmo sem o vínculo matrimonial, porém responsável, une duas pessoas em uma, sem retirar os valores individuais de cada qual. A identificação faz-se lenta e seguramente à medida que se vão conhecendo os interesses e comportamentos que possuem, trabalhando-se para a harmonização de conduta, mesmo quando não se apresentem equivalentes. Manter-se a própria individualidade, sem ruptura da personalidade do outro, é atitude de segurança no convívio de duas pessoas que se amam.[26]

---

26. Divaldo Pereira Franco e Espírito Joanna de Ângelis, *O despertar do espírito*.

Um certo casal se consultava sempre juntos, há anos, embora marcassem consulta para cada um. Ambos participavam da consulta um do outro, por decisão própria, pois sempre lhes havia sido perguntado se desejavam que assim fosse. Não os incomodava a situação, embora em alguns momentos o profissional tocasse no assunto da individualidade. No entanto, ficava claro que ali existiam necessidades particulares de cada um, dinâmicas pessoais e do casal, o que não seria adequado ser abordado na presença um do outro. A mulher, particularmente, sempre suspirava fundo ao ser abordada a sua ansiedade e o que estava por detrás dela. Tinha uma enorme dificuldade de olhar para si mesma, embora a postura fosse controladora, diante da relação e da família. Esse é um efeito frequente da falta de privacidade e de espaço pessoal.

Em um casal, ambos precisam ter momentos a sós, além dos espaços profissionais, sobretudo se o casal trabalhar junto, para cultivar não só a solidão necessária para a meditação, o descanso e o contato consigo mesmo, quanto para criar espaço para o outro, na relação. Assim, podem ter mais saudade, sentir a falta com mais frequência e cultivar a relação com mais cuidado e afeto, sem obrigar o outro a gostar das mesmas coisas ou a fazer junto o que deseja.

É muito importante que cada um cultive as antigas amizades, desde que elas respeitem o casal, e que tenha espaço para alimentar o amor *philia*, distinto daquele que se vive na relação a dois (embora nesta também exista o *philia*). A amizade é um grande alimento da alma e os amigos são indispensáveis na ajuda ao casal, quando solicitados para a escuta fraterna, o apoio solidário, o auxílio para um novo ponto de vista ou entendimento de um fato, de um acontecimento ou a elaboração de um sentimento, bem como no amparo prático nas questões do dia a dia. Desconheço casais que prescindam dos amigos, sobretudo nas fases iniciais do relacionamento, em que o casal vive um longo período de adaptação e de ajuste entre si, até que encontrem a harmonia a dois.

Quando em uma relação afetiva 1+1=2, há duas individualidades distintas, porém sem ponte de comunhão profunda entre elas. São aqueles casais que apresentam muita sinergia sexual, muita química, porém pouca intimidade. Se gostam, se querem, mas não partilham a vida a dois. Vivem como se estivessem em dois mundos à parte, separados.

● + ○ = ●○

O problema aqui é o inverso dos casais simbióticos, que anulam a individualidade. Nesse caso, há excesso de individualidade e falta de intimidade, parceria a dois. Falta-lhes projetos comuns, sonhos comuns, esforços divididos. Por vezes falta diálogo.

Pessoas com estrutura rígida de personalidade e dificuldade de expressão afetiva costumam estabelecer relacionamentos nos quais não há troca, há imposição e submissão. Quando conversam, é para brigar. Diferentemente dos casais simbióticos, em que uma personalidade se sobrepõe à outra, aqui as duas personalidades não se respeitam e não trocam. Vivenciam um tipo diferente de solidão a dois e terminam por se separar. Joanna de Ângelis também comenta sobre essa situação:

Desde que não haja a paixão de um impor a sua forma de pensar e de agir sobre o outro, nenhuma diferença constitui impedimento, quando são respeitados os direitos de continuar a viver conforme melhor aprouver, sem agredir a quem comparte a convivência.

Quando, porém, os indivíduos se escondem de si mesmos e buscam os relacionamentos com o pensamento de se manterem silenciosos e ocultos, sem que pensem em repartir os espaços interiores da afetividade plena, a dissolução do vínculo afetivo logo se faz, mesmo porque não chegou a ser realizado.[27]

Já nas relações afetivas saudáveis, 1 + 1 = 3. Aqui há espaço para duas individualidades e uma relação, dois sistemas distintos e um terceiro híbrido, formado por características selecionadas dos dois sistemas originais e por inovações próprias daquele encontro, daquela parceria.

Quando um casal se estabelece em bases de respeito e comunhão afetiva, o resultado é algo maior que os dois isolados. A família, seja ela formada somente pelo casal ou ampliada pelos filhos, continuidade do amor do casal, é sempre maior que cada um sozinho.

---

[27]. Divaldo Pereira Franco e Espírito Joanna de Ângelis, *O despertar do espírito*.

Quando o casal mantém e respeita as individualidades, pode estabelecer as interseções entre eles, dadas pelas afinidades, projetos e sonhos em comum, metas, esforços e conquistas partilhadas.

Interessante observar, nessa imagem, que o espaço da interseção varia de acordo com a proximidade do casal e da conexão que é estabelecida entre si. Isto é, ao longo da vida há fases em que os parceiros estão mais próximos ou mais afastados, com maior ou menor conexão, com mais ou menos afinidade e trocas. A percepção dessa variação e o respeito a ela fazem com que o casal precise cuidar de si mesmo, de suas individualidades e de ambos, como parceiros, para a saúde permanente da relação. Isso significa casar-se todos os dias, renovar o compromisso consigo mesmo e com o outro a cada momento, estar atento ao equilíbrio dinâmico do dar e do receber para perceber o que é necessário ser feito e cuidar, nos pequenos gestos, dos afetos e do carinho que nutre o amor a dois.

Quando a relação se torna uma alegria, esses cuidados são feitos e vivenciados com leveza. Quando se torna um peso, é necessário olhar para dentro e buscar os recursos e a conexão com a fonte que nutre a cada um, no amor dos pais, na oração e na ajuda de amigos e terapeutas para fazer o que é necessário para que a alegria e a leveza voltem a fazer parte da relação a dois.

Isso requer um contínuo respeito a si mesmo, na relação masculino-feminino, nos casais heterossexuais, ou masculino-masculino e feminino-feminino, nas relações homossexuais.

MASCULINO E FEMININO

Um dos grandes – senão dos maiores – impedimentos atuais para o fluxo do relacionamento afetivo de casal é o desrespeito entre o homem e a mulher, nas relações heterossexuais ou entre homens e entre mulheres, nas relações homossexuais. Nem os homens respeitam as mulheres nem as mulheres respeitam os homens, hoje em dia, e dentre eles poucos se respeitam a si e aos seus iguais, quando se fala do respeito profundo e essencial.

Quando, em uma relação de casal, o lugar do outro não é respeitado, então o outro não pode ficar, pois não tem o que fazer naquele relacionamento. Essa é uma discussão frequentemente difícil, pois a sociedade está polarizada entre discursos feministas e machistas, ambos raiando no desrespeito velado ou declarado pelo seu oposto complementar.

As mulheres cresceram ouvindo de suas mães: "Não vá depender de homem, seja independente, não faça como eu etc." Isso, além de todas as mudanças na visão de gênero do século XXI, levou muitas mulheres a priorizarem a carreira e a estabilidade financeira em primeiro plano (a chamada geração Y), deixando os relacionamentos afetivos em segundo, terceiro ou último plano. O que se observa em consultório e nos *workshops* é que esse movimento de desrespeito à importância das relações afetivas traz muita angústia às mulheres que alcançam relativo nível de sucesso financeiro, mas que não encontram a completude que imaginaram que teriam naquele ponto porque algo essencial as falta. E esse algo é a partilha da vida com alguém que verdadeiramente as respeite, um homem, no caso das heterossexuais. Em geral encontram moleques, homens que brincam com as mulheres e as usam para seu próprio prazer, sem respeito verdadeiro ao que são e ao que significa uma relação afetiva. Existe muito sexo fácil e pouco afeto disponibilizado. O resultado é que os relacionamentos não vão adiante e não há o estabelecimento de vínculos que permitam à vida seguir adiante, na formação da família ou por meio dos filhos, quando estes são desejos da mulher.

A maioria dessas mulheres trazem uma profunda crítica, na alma, à sua mãe, pela forma como vive ou viveu a feminilidade, pelo tipo de relacionamento estabelecido com o pai ou com outros homens, dentre outros. Tentam fazer diferente e o resultado é que fazem pior que aquilo que criticam, pois quando comparamos o que as mães e as filhas conseguiram realizar e alcançar na mesma idade, vemos que aquelas que criticam o fazem, com frequência, em uma postura de arrogância que não as faz enxergar a verdadeira grandeza da mãe. Muitas querem ter uma família ou um relacionamento afetivo estável e estão ainda em luta em uma idade em que a mãe, a seu tempo e da sua maneira, já estava casada e com filhos, levando a vida adiante com toda grandeza, como uma mulher comum.

A mulher moderna sofre o que costumo chamar de "o novo massacre do feminino". Anteriormente o feminino era subjugado pelo masculino e devia servi-lo, passiva, sem direitos e aparentemente sem valor. Digo aparentemente porque foi também a grandeza de nossas mães, avós e bisavós que sustentaram as famílias, boa parte delas com profundo respeito aos seus homens, ainda que sob o jugo de muita pressão e sacrifício pessoal. A revolução feminina buscou – e ainda busca – garantir às mulheres os direitos fundamentais, justos, necessários, como o de ter espaço, voz e valor na sociedade, direito ao trabalho e à remuneração justa etc. Nenhum problema nisso, pelo contrário, isso é solução. No entanto, na esteira das conquistas vieram os excessos. Quando um pêndulo é solto de um extremo vai ao extremo oposto antes de se centralizar no equilíbrio necessário. As mulheres não só requisitaram o direito a ter direitos, mas também o direito a se igualarem ao masculino adoecido, tratando os homens como são tratadas, no desrespeito afetivo, na desvalorização do homem e dos relacionamentos e no falso discurso da felicidade solitária. Com isso, sofrem uma pressão autoimposta para serem profissionalmente eficientes, bem-sucedidas, *fashion*, bonitas, magras, respeitadas, cheias de desejo sexual, mães, educadoras etc., o que não é possível fazer sem um elevado custo pessoal, a não ser quando haja uma relação de verdadeiro respeito em que ambos se estimulem e valorizem, dividindo tarefas e responsabilidades.

Hoje vemos muitas mulheres afirmando o direito ao empoderamento feminino por meio de posturas e rótulos como "malandra", como vimos recentemente na música de uma cantora brasileira, postura que apenas transfere a elas mesmas o direito de se fazerem objeto sexual, mas que não garante o respeito do homem, que continua as vendo como fonte de satisfação egoística com a qual elas partilham. O resultado disso é uma sociedade cheia de relações sexuais, angústia e vazio interior.

Os homens, igualmente, encontram-se desconectados do essencial, e muitos deles se feminilizam em suas posturas e reações, ao mesmo tempo em que as mulheres se masculinizam e ocupam o espaço do masculino nas relações.

Muitos adotam uma postura passiva que irrita as mulheres, pois ao mesmo tempo em que elas fazem tudo com iniciativa, força e controle, exigem dos seus homens que tenham a mesma postura, ainda que não a suportassem, verdadeiramente, se eles a tivessem. E eles aceitam o controle e a passividade, ainda que se deprimam com isso.

Os homens que não se feminilizam estão assustados com as mulheres modernas, que julgam estar agindo como eles, e passam a brincar com elas, em uma clara expressão de sexualidade juvenil, embora tenham trinta, quarenta anos de idade. Tratam-nas como corpos e sexo fácil, zombando de sua carência afetiva, quando manifesta, e de seu desejo de envolvimento.

Muitos legam às mulheres as tarefas e os deveres para com os filhos e a casa, como se não fosse responsabilidade deles se ocupar com a prole e a educação infantil, o cuidado com a casa e com a família. Sobrecarregam as mulheres com necessidades financeiras – que muitas aceitam cheias de crítica ao homem – e se deprimem ou entram em crises existenciais por não se sentirem valorizados e cumprindo o seu papel. Também é comum vermos alguns que aceitam os papéis domésticos, deixando a mulher prover a casa, mas o fazem com grande dispêndio de energia.

Sem dúvida, tanto o homem quanto a mulher dão conta de fazer quase todos os papéis que o outro faz. Não se trata de discussão de capacidade, se trata de respeito. Há papéis que o homem desempenha com menor gasto energético e papéis que a mulher desempenha com mais leveza. Reconhecer quais são esses papéis, na dinâmica particular do casal, sem imposições de papéis de gênero e discursos sexistas, é essencial para que a conjugação afetiva e a dinâmica familiar fluam com mais leveza e o casal vivencie o prazer da convivência e da partilha sem os sofrimentos desnecessários da sobrecarga que advém do fato de ocuparem papéis e funções que não são essenciais.

No entanto, independente de papéis, ambos devem respeitar no outro aquilo que não possuem e a complementaridade que acontece quando se unem, formando algo maior que eles mesmos, independentes. A esse respeito, Bert Hellinger comenta:

> Para que a relação de casal entre o homem e a mulher cumpra o que promete, o homem deve ser homem e permanecer homem, e a mulher deve ser mulher e permanecer mulher. Assim o homem deve renunciar a apropriar-se do feminino e a possuí-lo, como se pudesse tornar-se mulher e ser uma mulher. E a mulher precisa renunciar a apropriar-se do masculino e a possuí-lo, como se pudesse tornar-se homem e ser um homem.
>
> Em um relacionamento de casal,[28] o homem só é importante para a mulher quando é e permanece homem, e a mulher só é importante para o homem quando é e permanece mulher. Se o homem pudesse desenvolver em si o feminino e possuí-lo, não precisaria da mulher. E se a mulher pudesse desenvolver em si o masculino e possuí-lo, não precisaria do homem. Por isto, muitos homens e mulheres que desenvolvem em si as características do outro sexo frequentemente vivem sós. Eles se bastam.

---

28. No caso do casal heterossexual, naturalmente.

Frequentemente os homens que se encontram desvitalizados e perdidos nos papéis dentro das relações afetivas trazem na alma uma desconexão profunda de seu pai, guardando mágoas, críticas e exigências veladas pela forma como viveu o masculino ou pela sua ausência em sua vida.

O masculino e o feminino moderno perderam as suas raízes e estão em busca de sua fonte, ambos cansados de repetir experiências malsucedidas, e é fundamental que se encontre o caminho do respeito.

Bate-papo de Andrei Moreira com a psicóloga Joana Parreiras sobre o masculino e o feminino.

BERT HELLINGER – SOBRE RESPEITO

Respeitar significa, antes de tudo, reconhecer. Respeitar uma pessoa é reconhecer que ela existe, que é como é, e que é certa da maneira como é. Isso pressupõe que eu me respeite da mesma forma – que eu reconheça que existo, que sou como sou e que, tal como sou, também sou certo.

Quando respeito a mim e ao outro dessa maneira, renuncio a construir uma imagem de como deveríamos ser. Sem essa imagem não existe juízo sobre o que seria melhor. Nenhuma imagem construída se interpõe entre mim e a realidade, tal como ela se mostra.

Isso possibilita um segundo elemento, que também pertence ao respeito: eu amo o real, tal como ele se mostra. Isto significa, antes de tudo, que me amo tal como sou, amo o outro tal como ele é, e amo a maneira de sermos diferentes.

O respeito inclui ainda um terceiro elemento, talvez o mais belo: eu me alegro com o real, tal como se manifesta. Alegro-me comigo tal como sou; alegro-me com o outro, tal como ele é, e alegro-me com o fato de que sou diferente dele e ele é também de mim.

Esse respeito mantém distância. Ele não invade o outro e não permite que o outro me invada, me imponha alguma coisa ou disponha de mim de acordo com sua imagem. Ele torna possível que nos respeitemos sem nada querer um do outro.

Quando precisamos ou queremos algo, um do outro, devemos ainda questionar um quarto ponto: nós nos promovemos mutuamente ou inibimos o desenvolvimento nosso ou do outro?

Se, da forma como somos, impedimos nosso desenvolvimento ou o do outro, o respeito nos separa, ao invés de nos aproximar. Nesse caso, devemos cuidar para que cada um siga o seu próprio caminho e se afaste. Com isso, o amor e o contentamento por mim e pelo outro se aprofundam, em vez de diminuir. Por quê? – Porque o amor e a alegria são tranquilos, como o respeito.

Ou então, ao invés de simplesmente nos afastarmos – o que inevitavelmente levará à repetição da história com outro personagem – podemos buscar dentro de nós o que nos impede de respeitar verdadeiramente o outro, e reconhecer a sua grandeza, o seu valor, a sua dignidade, promovendo o seu desenvolvimento e o da relação. Para isso, é necessário encarar as próprias feridas, a própria sombra e mergulhar em si mesmo, respeitando os próprios limites e os do outro. É ainda Bert Hellinger quem ensina:

A paz começa onde cada um de nós pode ser da forma que é, onde cada um de nós permite ao outro ser tal como é e ficar onde está. Isso significa, ao mesmo tempo, respeitar os limites mútuos, que ninguém ultrapasse o limite do outro, que cada um permaneça dentro do âmbito dos seus próprios limites.

O amor na relação de casal é construído e sustentado nas pequenas gentilezas, partilhas, renúncias e doces sacrifícios do dia a dia. Uma amiga muito querida me contou a cena a que assistiu, na casa dos pais, há pouco tempo, e que a emocionou:

> O casal, já idoso, está junto há mais de sessenta anos. A filha, preparando o almoço de domingo, ouve da mãe:
> — Hum... Hoje estou com vontade de comer frango assado de padaria.
> Rápida e amorosamente foi providenciado. À mesa do almoço, a filha pergunta-lhe, feliz:
> — Mãe, qual parte do frango a senhora deseja? Hoje ele é todo seu, escolha à vontade.
> A senhora, então, responde, contente e sem titubear:
> — Quero a coxa!
> O marido, surpreso, exclama:
> — Mas meu bem, você sempre gostou tanto e preferiu o peito do frango, por que hoje escolheu a coxa?
> Ela respondeu, carinhosamente:
> — Não, na verdade sempre preferi a coxa, mas como este é seu pedaço preferido do frango, sempre o deixei para você.

O marido, profundamente surpreendido, olhou grata e ternamente para a esposa, vendo uma nova faceta do seu amor, e esta retribuiu o olhar terno, de profundo respeito e carinho pelo marido, e ambos sorriram, amando-se ainda mais. A filha, vendo a cena, emocionou-se.

Naquele almoço a mãe saboreou a coxa, e o pai, o peito alegremente, e todos se alimentaram, ainda mais, do amor sagrado que nutre e sustenta as relações bem-sucedidas.

O respeito é um ingrediente essencial do amor. É ele que faz com que cada um cuide da relação e do outro com o carinho de quem cultiva algo sagrado, com atenção precisa.

Toda relação é faltosa, toda pessoa incompleta.

Ninguém é capaz de nos completar em plenitude, só nós mesmos temos a capacidade de nos conhecermos e aprofundarmos na alimentação do que verdadeiramente nos falta. Quando uma relação pode ser um alimento e um fortalecimento para o sentido existencial, então se torna um tesouro que requer cuidado para que apenas o que é bom viceje no terreno das trocas e da partilha.

Antoine de Saint-Exupéry, em *O pequeno príncipe*, já falava sobre a necessidade de revirarmos todos os dias o solo de nosso planeta pessoal em busca das sementes de baobá, antes que elas se enraízem e ameacem as nossas rosas tão importantes e que tanta alegria nos trazem:

> Com efeito, no planeta do principezinho havia, como em todos os outros planetas, ervas boas e más. Mas as sementes são invisíveis. Elas dormem no segredo da terra até que uma cisme de despertar. Então ela espreguiça, e lança timidamente para o sol um inofensivo galinho.

Se é de roseira ou rabanete, podemos deixar que cresça à vontade. Mas quando se trata de uma planta ruim, é preciso arrancar logo, mal a tenhamos conhecido.

Ora, havia sementes terríveis no planeta do principezinho: as sementes de baobá... O solo do planeta estava infestado. E um baobá, se a gente custa a descobri-lo, nunca mais se livra dele. Atravanca todo o planeta. Perfura-o com suas raízes.

E se o planeta é pequeno e os baobás numerosos, o planeta acaba rachando.

"É uma questão de disciplina, me disse mais tarde o principezinho.

Quando a gente acaba a toalete da manhã, começa a fazer com cuidado a toalete do planeta."[29]

Sim, primeiro cuidamos de nós, depois da relação.

Primeiro atentamos ao que se passa conosco, verdadeiramente, para então estarmos mais livres para ver o outro como outro, realmente. E no clima do cuidado, o amor pode vicejar, pois ele nasce e cresce nas pequenas gentilezas e ternuras da estrada, nas ações pequeninas do dia a dia, nos pequenos cuidados e atenções generosas que alimentam a relação.

Bruna e Gustavo Benevides vivem um amor assim, alimentado de carinho, empatia, confiança, respeito e companheirismo.

---

[29]. Antoine de Saint-Exupéry, *O pequeno príncipe*, cap. V.

São seis anos juntos... E o amor não é tudo, nem o suficiente!

Diariamente cuidamos um do outro e nos preocupamos em fazer nossos dias cada vez menos pesados. Pensamos em como melhorar o humor e o cuidado depois de um dia estressante. Em trazer um chocolate ou algo que o outro goste de comer... Isso não é só amor. Isso é CARINHO.

Quando peço para ele ir me levar no ponto de ônibus, às quatro horas da manhã, porque tenho uma viagem importante pela militância, ou quando não quero ir ao mercado e ele vai sozinho... Isso não é só amor. Isso é EMPATIA.

Não há senhas travadas, escondidas ou controle das redes sociais, e-mail ou mesmo o celular, um do outro. Isso não é só amor. Isso é CONFIANÇA.

Vamos sozinhos (às vezes com amigos) a lugares diferentes, temos amigos diferentes, gostamos de coisas diferentes... E tudo bem! Cada um faz o que quer e o que gosta. Isso não é só amor. Isso é RESPEITO.

Todo esse tempo olhamos as contas da casa, conversamos sobre cortes nos gastos, possíveis investimentos ou aquelas coisas que gostamos de consumir. Revemos tudo para que todos estejam felizes e nossa vida financeira saudável. Isso não é só amor. Isso é COMPANHEIRISMO.

O amor é o mínimo que deve existir em um relacionamento.

Sem amizade, carinho, respeito, empatia, confiança e tantas outras coisas, arrisco dizer que não há amor. Somente uma dependência preocupante.

Frida Kahlo já dizia que "Onde não puderes amar, não te demores."

> E eu completo: onde ele for a única coisa, não te demores também.
> No dia 20 de novembro comemoramos SEIS ANOS juntos...
> Eu te amo mais do que ontem e menos do que amanhã![30]

---

[30]. Bruna G. Benevides, em 20/Nov/2017, em seu perfil no Facebook. Transcrito com autorização da autora.

Um amor como esse é um amor maduro. Quem não quer viver um amor assim?

Para que isso aconteça, é fundamental que homens e mulheres busquem o caminho do respeito profundo e da conexão com o essencial de suas forças, e ambos, sem dúvida, são construídos e obtidos na relação com os pais, na forma como lidamos com eles e como lhes expressamos a nossa gratidão.

FILHINHA DO PAPAI E FILHINHO DA MAMÃE

Como dissemos acima, tanto homens quanto mulheres trazem críticas profundas na alma ao seu pai ou à sua mãe, ou a ambos, seja na forma como vivenciaram sua feminilidade e masculinidade, seja na criação dos filhos, na prática profissional ou na ausência ou presença afetiva excessiva que julgam ter-lhes prejudicado.

Uma das percepções libertadoras da constelação familiar e da visão sistêmica é a de que os homens ganham força quando conectados, predominantemente, ao papai, e as mulheres, à mamãe. A conexão com ambos é muito necessária, mas no homem deve ser um pouco mais forte com o pai, e na mulher, com a mãe, independentemente da orientação sexual (a constatação é a mesma, tanto em pessoas hetero quanto homossexuais).

Quando a mulher é mais conectada ao pai, frequentemente guarda críticas à mãe no coração, e tenta afastar-se do modelo de feminino que ela representa, isso quando não disputa com ela o lugar de mulher na vida do pai. É a chamada "filhinha do papai", que frequentemente adota posturas mais masculinizadas na vida, exige que os homens a adorem e não estabelece vínculos profundos.

Quando o homem é mais conectado à mãe, frequentemente guarda críticas ao pai no coração, seja pela sua ausência ou pela postura adotada, e termina por assumir atitudes feminilizadas na vida, como reações mais emocionalizadas em vez do enfrentamento masculino, posturas passivas ao invés da força ativa etc. Também ocorre de disputar com o pai o lugar de homem na vida da mãe, achando-se melhor homem e mais adequado para o cuidado dela que o pai. Isso é fonte de conflitos frequentes, pois esse homem custa a decidir por sair de casa e seguir a própria vida, e quando o faz, fica no relacionamento de casal sem inteireza, com a cabeça no núcleo familiar original, sem se despedir verdadeiramente dos pais.

O filhinho da mamãe geralmente se casa com a filhinha do papai e brigam com muita frequência, pois, na alma, nenhum dos dois verdadeiramente respeita o masculino e o feminino do outro. Há frequente crise nos papéis domésticos e nos limites dos deveres, com altas exigências e críticas, que terminam por minar o relacionamento de casal com o tempo. Isso quando o relacionamento é possível.

Uma dinâmica frequente da filhinha do papai é ter valor através do desejo masculino, o que a leva a buscar despertar o desejo contínuo dos homens ou a aceitar o papel de amante, sem valor real. Igualmente, o filhinho da mamãe brinca com as mulheres, pois busca valor no feminino sem o valorizar verdadeiramente, pois só respeita verdadeiramente o feminino o homem que respeita o masculino de seu pai.

Bert Hellinger observa sobre os homens que:

> Um Don Juan é também um filhinho da mamãe, que não chegou à masculinidade. Ele acha que, possuindo muitas mulheres, vai continuar a participar para sempre da feminilidade. A necessidade de parceiros múltiplos surge da permanência na esfera materna. O homem que escapa dessa esfera pode tirar de sua parceira aquilo de que necessita e entregar-se a ela, tornando-se por sua vez parceiro. Fanfarrões, conquistadores e machões são todos queridinhos da mamãe.

Bert também comenta que:

> As Ordens do Amor entre o homem e a mulher envolvem também uma renúncia que já começa na infância. Pois o filho, para tornar-se um homem, precisa renunciar à primeira mulher em sua vida, que é sua mãe. E a filha, para tornar-se uma mulher, precisa também renunciar ao primeiro homem de sua vida, o seu pai. Por essa razão, o filho precisa passar

cedo da esfera da mãe para a do pai. E a filha precisa retornar cedo da esfera do pai para a da mãe.

Permanecendo na esfera da mãe, frequentemente o filho só chega a ser um eterno adolescente e queridinho das mulheres, mas não um homem. E, persistindo na esfera do pai, a filha muitas vezes só se torna uma eterna adolescente e uma namoradinha dos homens, mas não uma mulher.

Quando um "filhinho da mamãe" se casa com uma "filhinha do papai", ele frequentemente busca uma substituta para sua mãe e a encontra na mulher, e a mulher busca um substituto para o seu pai e o encontra no marido. Quando, porém, um filho ligado ao pai se casa com uma filha ligada à mãe, eles têm mais chances de formarem um par bem-sucedido.

De resto, o filho ligado ao pai costuma dar-se bem com o sogro e a filha ligada à mãe geralmente se dá bem com a sogra. Ao contrário, o filho ligado à mãe frequentemente se relaciona melhor com a sogra do que com o sogro, e a filha ligada ao pai, melhor com o sogro que com a sogra.

Então, onde é que o homem e a mulher podem encontrar a sua força e a grandeza do verdadeiro respeito ao masculino e ao feminino? No papai e na mamãe, respectivamente.

Para se voltar à esfera de influência do pai e da mãe, é preciso limpar o terreno envenenado pela crítica, pelo julgamento, pela exigência e pelo sentimento de dó. E essa limpeza se faz através da desistência. Desistir é postura ativa que direciona as forças para o essencial. Não deixamos de criticar porque não há motivo para criticar. Nossos pais são homens e mulheres comuns, imperfeitos. Deixamos de criticar porque não temos direito de criticar. Porque aquilo que os pais ofertaram é infinitamente maior que aquilo que faltou. Porque a grandeza de sua força é o que verdadeiramente importa. Então, a partir da desistência, nos conectamos ao que está cheio neles e buscamos alimentar o coração de admiração por seu sacrifício, suas conquistas, seus valores, seus atos. E se nada disso houver, ou se não reconhecermos, enchemos os olhos e o coração da grandeza da eficácia a fim de passar a vida adiante, legando-nos uma oportunidade maravilhosa de existir. Isso é o essencial.

Então, alguém está inteiro em uma relação de casal quando está enraizado no amor de seus pais como ele é, sem críticas, julgamentos, exigências ou dó e, portanto, apto a receber, florescer e frutificar nas trocas entre iguais.

COMO AGRADECER AOS PAIS AQUILO QUE ELES FIZERAM?

Um relacionamento de casal se sustenta no equilíbrio dinâmico entre o dar e o receber, pois se trata de uma relação entre iguais. Essa relação difere-se daquela com os pais, na qual estes dão e o filhos recebem, sem possibilidade de equilíbrio, pois o que os pais nos deram e dão é tão grande que o filho não consegue devolver-lhes.

Muitos filhos acreditam que devolverão o que os pais deram se ficarem ali, junto deles, cuidando deles com o mesmo carinho com que foram cuidados. No entanto, isso não é gratidão no nível profundo, é uma gratidão superficial, que não olha para o amor dos pais, pois quando o filho diz: "Renunciarei à minha vida para cuidar de vocês", a grande maioria dos pais, sobretudo aqueles que não têm a ordem invertida com os seus próprios pais, se irritarão muito com essa postura. O seu amor deseja aos filhos que eles sigam para a vida e cumpram o objetivo para o qual os pais o tiveram: serem felizes.

Cuidar dos pais é obrigação quando estes necessitam e desejam, nunca sem essas pré-condições, pois os filhos que impõem cuidados e direcionamentos na vida de pais lúcidos e aptos a tomarem suas próprias decisões, os desrespeitam profundamente. No entanto, cuidar não implica em renunciar à própria vida, e sim em estabelecer o que é necessário para que os pais tenham a dignidade de vida com o conforto e as alegrias que merecem, em comum acordo com eles.

Gratidão profunda é quando o filho olha na alma para o sacrifício dos pais, para todos os esforços de amor que tiveram, e diz para eles, no coração: "Eu farei uma boa coisa com a minha vida, em homenagem a vocês". Assim os filhos agradecem aos pais o que receberam: sendo felizes.

Ser feliz, para a maioria das pessoas, implica em encontrar alguém com quem partilhar a vida, formar uma família e passar a vida adiante, através dos filhos ou das obras de amor. É por isso que os netos são o xodó dos avós: eles são o testemunho do sucesso daquilo que eles nos ofertaram. Quando o filho passa a vida adiante, tem a oportunidade de dar, agora, ao seus próprios filhos, aquilo que recebeu de seus pais, frequentemente com mais leveza e oportunidades, o que faz com que os filhos tomem esse movimento na alma com respeito e que vão mais longe que os pais puderam ir, na sequência e no progresso natural do sistema. Assim o amor flui com abundância e proveito no sistema familiar.

E onde é que tudo começa? No amor de um homem e de uma mulher, que se olharam com respeito e decidiram fazer o que fosse necessário para que a vida passasse adiante. Os nossos avós pelos nossos pais; os nossos pais por nós; nós pelos nossos filhos ou pela vida. Quão grandioso é o amor de uma casal!

RELAÇÃO DE CASAL DOS PAIS

Outro ponto nevrálgico para muitos homens e mulheres, e que dificulta os relacionamentos atuais, são as críticas específicas às relações de casal dos pais. Muitos olham para os pais criticando a violência ou grosseria do papai ou a passividade ou violência da mamãe, desejando que eles tivessem outro destino e se metendo na relação de casal. Há aqueles que tomam partido, favorecem a separação e tomam as dores do pai ou da mãe. Isso custa um preço muito alto aos filhos, na alma. O preço da própria vida, que não flui para o êxito.

A relação de casal dos pais não pertence aos filhos. Aí se trata da relação do homem e da mulher. Para os filhos, a única coisa verdadeiramente essencial é que daí veio a vida, e que os filhos são continuidade do amor dos dois.

Quando os filhos se colocam a analisar e julgar o relacionamento de casal dos pais, frequentemente se focam no que não é essencial, não veem o amor ali presente e se perdem na estruturação de suas próprias vidas.

Muitos pais favorecem isso inserindo os filhos nas suas brigas de casal, promovendo alienação parental, sobretudo enquanto os filhos são crianças ou jovens, desejando ter nos filhos aliados para suas dores ou conselheiros para seus conflitos e dificuldades. Filhos não são amigos nem psicólogos, filhos são filhos e como tais devem ser preservados. Podem até ouvir alguma queixa, mas não devem ser autorizados ou incentivados a se meter na relação de casal, pois esta não os pertence. Quando isso acontece, são eles, os filhos, que pagam a conta de tal postura. Costumo chamar isso de "enxerição sistêmica". Em outras palavras: filho metendo a colher onde não é chamado ou onde não deve, mesmo quando solicitado.

O amor de cada casal é próprio, e cada um o expressa e partilha à sua maneira, seguindo as forças sistêmicas que nele atuam e as sintonias espirituais que estabelecem, a partir de seus gatilhos psicológicos interiores e dos vínculos passados que ali estão presentes, como vimos no capítulo 3.

Aos filhos compete alimentar-se do amor dos pais como ele é. Este é exatamente o primeiro movimento ou primeiro círculo do amor: tomar o amor dos pais como casal, pois dali veio a vida, sempre bela e suficiente.

CRÍTICA X ADMIRAÇÃO

Em geral, no dia a dia dos relacionamentos, observamos e descrevemos muito a postura do outro, o que ele faz ou deixa de fazer, o que julgamos certo ou errado. Com menos frequência observamos a nossa postura e o que ela produz no outro como reação.

Há uma postura que afasta os casais com imensa força: a crítica.

Quem critica olha e valoriza o vazio que há no outro, o que lhe falta e não alcança. Ao criticar, fortalece no outro o sentimento de falta, de menos-valia, de inferioridade. Ao invés de auxiliar o outro a se mover na direção de suas forças, impele-o à angústia do que lhe é desconhecido ou impossibilitado, momentaneamente.

A crítica cria um abismo entre o casal sem ponte de afeto, pois ao criticar quase sempre estão ausentes os sentimentos de compaixão e de ternura que nutrem uma relação a dois.

Ao criticar, frequentemente projetamos nossa sombra no outro, aquilo que não está resolvido ou acolhido em nós, transformando o outro em espelho de nossos vazios não encarados.

Essa postura com os companheiros ou companheiras é reflexo da forma como lidamos com a vida.

Jung diz que há sempre alguém que funciona para nós como "lixeira" ou "bode expiatório", no qual projetamos a nossa sombra, os sentimentos e interesses que não enfrentamos em nós mesmos, diante dos conflitos afetivos do dia a dia. Essas pessoas recebem a carga de nossa inveja, acusação, crítica, julgamento e exclusão afetiva, pagando o preço de ter tocado em uma ou em várias feridas internas ocultas.

Quando isso acontece, escolhemos não dialogar, não expor sentimentos ou fazê-lo de forma depreciativa, sem oportunidade de construir pontes de entendimento e de afeto que evitariam a dor decorrente da separação e da projeção de nossas sombras.

O resultado é que nos afastamos dessas relações – e com isso nos fragmentamos –, desrespeitando afetos e construindo inimigos ou adversários imaginários que, por vezes, nem sabem do que se passa em nossa intimidade ou, se o sabem, não nos acessam por impedirmos o encontro afetivo genuíno e autêntico, sustentado na honestidade emocional e na valorização recíproca. Assim, movidos pelas lesões afetivas do ego, perdemos amizades, parcerias, amores...

Enfrentar a si mesmo, através do autoconhecimento, acolhendo a própria sombra e a criança interior ferida, reconhecendo o que se sente e expressando o sentimento com honestidade e afetividade produz comunhão, integração e fortalecimento dos laços afetivos. E são eles o grande tesouro da vida.

Já há uma postura que produz vida e força nos relacionamentos: a admiração.

Admirar significa encher os olhos com a força e a potencialidade do outro, reconhecendo esforços, possibilidades e também limitações. Admirar é se alegrar com o que o outro tem para ofertar, com o que já conquistou, com o que faz bem e com alegria.

Ao admirar estabelecemos conexão com o que está cheio no outro e o fortalecemos para enfrentar as próprias limitações.

Sobretudo os homens, ao serem admirados, sentem-se fortes, seguros e importantes, o que todo homem necessita na relação com as mulheres. "Tudo pelo qual um homem luta na vida é pela admiração de uma mulher", assevera Bert Hellinger.

> Quando o homem acredita que, no fundo, a mulher deveria tornar-se igual a ele, e a mulher acredita que, no fundo, o homem deveria tornar-se igual a ela, a realização lhes é negada. Quando o homem acha que agora encontrou a mulher certa e a mulher acha que agora encontrou o homem certo, o que

eles realmente acreditam ter encontrado? Algo parecido com eles. Dessa forma não podem alcançar a mesma plenitude alcançada por aqueles que precisam se admirar: "Realmente o outro é completamente diferente!" e, então, submetem-se e se expõem a isso.[31]

---

31. Bert Hellinger, *Amor à segunda vista*.

> **O casal procurou uma consulta com um terapeuta** em busca de auxílio para a relação. A mulher entrou primeiro e chegou logo dizendo que o marido havia agendado a consulta para que pudessem trabalhar a relação, mas que ela havia aceitado e vindo ao consultório para informar-lhe que desejava a separação.
>
> Estava certa do que queria. Ao falar do marido, era pura crítica. Não via mais motivos para ficarem juntos, a não ser o filho nascido há poucos meses, que havia transformado a vida do casal. Suas queixas eram inconsistentes, não sabia muito bem definir o que a incomodava no companheiro ou o que queria dele, apenas sentia que não desejava mais prosseguir.
>
> Após algum tempo de escuta terapêutica silenciosa, o marido foi chamado. Entrou confiante na possibilidade de trabalharem a relação, e mal se sentou e a esposa o informou, firme porém temerosa, que desejava a separação. Ele tomou um choque, não esperava por aquilo.
>
> Começaram a discutir. Ela mais ouvia que falava. Ele, alterado, dizia de sua surpresa e de sua dor por achar que

ela sempre desistia, apesar de todos os seus esforços. Ambos se criticavam, olhando para seus próprios esforços e para o que faltava em cada um deles.

Não ficaram muito tempo nesse estado, pois ele se mostrava claramente ineficaz para qualquer diálogo ou comunicação afetiva entre ambos. O terapeuta então interveio. Perguntou aos dois se estavam dispostos a fazer um teste ou uma experiência e sentir o efeito que isso causava em seus corações. Ambos concordaram, embora ele se mostrasse magoado e algo descrente da possibilidade de um entendimento. Foi pedido a eles que ficassem de pé, diante um do outro, com relativa proximidade e se olhassem nos olhos. Eles o fizeram. Ele não conseguia esconder o desapontamento; ela, a crítica. No entanto, o terapeuta propôs que eles se permitissem, por um momento, voltar no tempo e, olhando nos olhos do outro, olhar para o homem e a mulher por quem se apaixonaram, aquele e aquela que os encantou e que admiravam naquele momento em que um decidiu se entregar ao outro em comunhão.

Ela, particularmente, olhou profundamente nos olhos dele e se emocionou muito. Ele, ao ver aquilo, cedeu à sua dor e se permitiu voltar a olhar para ela com doçura. Assim ficaram por um breve tempo. Então, o terapeuta perguntou a ela: "Este homem para o qual você olha agora, este que te enche de admiração, é digno de você e suficiente para ser o seu homem e pai dos seus filhos?" Ela respondeu, sem duvidar: "Sim, é". O mesmo foi perguntado a ele, que igualmente assentiu, afirmativamente. Naquele momento, o terapeuta pediu que eles continuassem a olhar para o homem e para a mulher que os encantavam e saiu da sala por um tempo, deixando-os a sós consigo mesmos.

Ao retornar, após um tempo suficiente, encontrou-os em um abraço de ternura. Ela deitava a cabeça em seu peito e ele a acolhia. Estava claro, ali, que ele acolhia a criança interna dela que queixava e exigia, e que ela acolhia nele o homem imperfeito, que talvez criticasse no seu pai.

Ao assentarem-se, o terapeuta perguntou a ela se estava disposta a tentar ainda um pouco mais e ela disse que sim. Ele, então, propôs ao casal que durante duas semanas, até a próxima consulta, eles experimentassem manter o olhar naquele e naquela que os encantava, buscando resgatar a pessoa que admiravam, sem nada discutir. Se algo houvesse que merecesse discussão e não fosse absolutamente urgente, que deixassem para duas semanas adiante e se dessem a oportunidade de experimentar o efeito da admiração recíproca que já haviam conhecido um dia. A favor deles e como grande incentivo, existia o filho, que não só requisitava atenção dos dois, mas que, sobretudo, integrava nele, para sempre, o amor e o melhor dos dois, como bela continuidade do casal.

Duas semanas após eles retornaram, de mãos dadas e sorridentes, e eram outras pessoas. Restabeleceram o relacionamento e, através da admiração, encontraram novas pontes de afeto que tornaram suportáveis os vazios e as dificuldades que cada um apresentava.

O terapeuta, então, propôs a cada um que, a partir daquele momento, mergulhassem em si mesmos, na relação

> com seus sistemas de origem, para olhar para os vínculos com os pais e fortalecer as raízes do amor que verdadeiramente abastece e nutre, o que ambos se decidiram a fazer e o fizeram, com êxito.
>
> Assim, a relação segue com cada um trabalhando o que é seu e ambos se ajudando a se superarem e estabelecerem acordos e projetos em comum que sustentem o casal no equilíbrio e na alegria do dar e do receber, com admiração e amor.

LIBERDADE

O amor só sobrevive de liberdade. Quem aprisiona, perde.

O vínculo que sustenta o amor a dois é o da confiança e o do desejo. O outro fica porque se alegra, porque tem prazer na relação e dela usufrui, retirando o melhor para si e dando o seu melhor. Igualmente cada um só fica, saudavelmente, se sentir o mesmo.

Rubem Alves oferece-nos uma linda metáfora sobre isso no texto *A menina e o pássaro encantado*:

> Era uma vez uma menina que tinha um pássaro como seu melhor amigo.
>
> Ele era um pássaro diferente de todos os demais: era encantado.
>
> Os pássaros comuns, se a porta da gaiola ficar aberta, vão-se embora para nunca mais voltar. Mas o pássaro da menina voava livre e vinha quando sentia saudades... As suas penas

também eram diferentes. Mudavam de cor. Eram sempre pintadas pelas cores dos lugares estranhos e longínquos por onde voava. Certa vez voltou totalmente branco, cauda enorme de plumas fofas como o algodão...

— Menina, eu venho das montanhas frias e cobertas de neve, tudo maravilhosamente branco e puro, brilhando sob a luz da lua, nada se ouvindo a não ser o barulho do vento que faz estalar o gelo que cobre os galhos das árvores. Trouxe, nas minhas penas, um pouco do encanto que vi, como presente para ti...

E, assim, ele começava a cantar as canções e as histórias daquele mundo que a menina nunca vira. Até que ela adormecia, e sonhava que voava nas asas do pássaro.

Outra vez voltou vermelho como o fogo, penacho dourado na cabeça.

— Venho de uma terra queimada pela seca, terra quente e sem água, onde os grandes, os pequenos e os bichos sofrem a tristeza do sol que não se apaga. As minhas penas ficaram como aquele sol, e eu trago as canções tristes daqueles que gostariam de ouvir o barulho das cachoeiras e ver a beleza dos campos verdes.

E de novo começavam as histórias. A menina amava aquele pássaro e podia ouvi-lo sem parar, dia após dia. E o pássaro amava a menina, e por isto voltava sempre.

Mas chegava a hora da tristeza.

— Tenho de ir – dizia.

— Por favor, não vás. Fico tão triste. Terei saudades. E vou chorar... – E a menina fazia beicinho...

— Eu também terei saudades – dizia o pássaro. – Eu também vou chorar. Mas vou contar-te um segredo: as plantas precisam da água, nós precisamos do ar, os peixes precisam dos rios... E o meu encanto precisa da saudade. É aquela tristeza, na espera do regresso, que faz com que as minhas penas fiquem bonitas. Se eu não for, não haverá saudade. Eu deixarei de ser um pássaro encantado. E tu deixarás de me amar.

Assim, ele partiu. A menina, sozinha, chorava à noite de tristeza, imaginando se o pássaro voltaria. E foi numa dessas noites que ela teve uma ideia malvada: "Se eu o prender numa gaiola, ele nunca mais partirá. Será meu para sempre. Não mais terei saudades. E ficarei feliz..."

Com estes pensamentos, comprou uma linda gaiola, de prata, própria para um pássaro que se ama muito. E ficou à espera. Ele chegou finalmente, maravilhoso nas suas novas cores, com histórias diferentes para contar. Cansado da viagem, adormeceu. Foi então que a menina, cuidadosamente, para que ele não acordasse, o prendeu na gaiola, para que ele nunca mais a abandonasse. E adormeceu feliz.

Acordou de madrugada, com um gemido do pássaro...

— Ah! menina... O que é que fizeste? Quebrou-se o encanto. As minhas penas ficarão feias e eu esquecer-me-ei das histórias... Sem a saudade, o amor ir-se-á embora...

A menina não acreditou. Pensou que ele acabaria por se acostumar. Mas não foi isto que aconteceu. O tempo ia passando, e o pássaro ficando diferente. Caíram as plumas e o penacho. Os vermelhos, os verdes e os azuis das penas transformaram-se num cinzento triste. E veio o silêncio: deixou de cantar.

Também a menina se entristeceu. Não, aquele não era o pássaro que ela amava. E de noite ela chorava, pensando naquilo que havia feito ao seu amigo...

Até que não aguentou mais.

Abriu a porta da gaiola.

— Podes ir, pássaro. Volta quando quiseres...
— Obrigado, menina. Tenho de partir. E preciso de partir para que a saudade chegue e eu tenha vontade de voltar. Longe, na saudade, muitas coisas boas começam a crescer dentro de nós. Sempre que ficares com saudade, eu ficarei mais bonito. Sempre que eu ficar com saudade, tu ficarás mais bonita. E enfeitar-te-ás, para me esperar...
E partiu. Voou que voou, para lugares distantes. A menina contava os dias, e a cada dia que passava a saudade crescia.
— Que bom – pensava ela – o meu pássaro está a ficar encantado de novo...
E ela ia ao guarda-roupa, escolher os vestidos, e penteava os cabelos e colocava uma flor na jarra.
— Nunca se sabe. Pode ser que ele volte hoje...
Sem que ela se apercebesse, o mundo inteiro foi ficando encantado, como o pássaro. Porque ele deveria estar a voar de qualquer lado e de qualquer lado haveria de voltar. Ah!
Mundo maravilhoso, que guarda em algum lugar secreto o pássaro encantado que se ama...
E foi assim que ela, cada noite, ia para a cama, triste de saudade, mas feliz com o pensamento: "Quem sabe se ele voltará amanhã..."
E assim dormia e sonhava com a alegria do reencontro.[32]

O pássaro sempre voltava. Dava-lhe prazer retornar. E, assim, ambos eram especiais, um para o outro.

---

32. Rubem Alves, *As mais belas histórias de Rubem Alves*.

Quem ama, liberta e deixa voar, estabelecendo bases seguras para o reencontro. Naturalmente, só vive isso quem está seguro em si mesmo e na confiança da relação a dois.

No entanto, não há outro caminho. Quem tenta prender por exigência, ciúmes, posse ou chantagem emocional, não tem o outro verdadeiramente, apenas sustentará uma relação baseada no medo e na ameaça. Uma relação dessa natureza não sobrevive. Quanto mais se espreme, mais escorre por entre os dedos.

O amor se alimenta de espaço, diálogo, liberdade e de trocas equilibradas e nutritivas, de tal maneira que o outro deseja ficar e ficar e ficar...

Saint-Exupéry ensina isso com muita beleza quando ele fala do poder de cativar e de ser cativado, no diálogo do pequeno príncipe com a raposa, em um planetinha qualquer. A raposa o convida a cativá-la e ensina-o:

> [...] Tu não és para mim senão um garoto inteiramente igual a cem mil outros garotos. E eu não tenho necessidade de ti. E tu não tens também necessidade de mim. Não passo a teus olhos de uma raposa igual a cem mil outras raposas. Mas, se tu me cativas, nós teremos necessidade um do outro. Serás para mim único no mundo. E eu serei para ti única no mundo...
>
> [...] Se tu me cativas, minha vida será como que cheia de sol. Conhecerei um barulho de passos que será diferente dos outros. Os outros passos me fazem entrar debaixo da terra. O teu me chamará para fora da toca, como se fosse música.
>
> E depois, olha! Vês, lá longe, os campos de trigo? Eu não como pão. O trigo para mim é inútil. Os campos de trigo não me lembram coisa alguma. E isso é triste! Mas tu tens cabelos

cor de ouro. Então será maravilhoso quando me tiveres cativado. O trigo, que é dourado, fará lembrar-me de ti. E eu amarei o barulho do vento no trigo...

Quem está cativado fica, volta, voa e pousa novamente, com leveza.

Por isso existe muita sabedoria no ditado popular que diz: "Não corra atrás das borboletas. Plante flores, cuide do seu jardim que elas virão até você."[33]

Quem cuida do seu jardim continuamente cativa o outro porque não há nada mais encantador que alguém conectado consigo mesmo, afetivo e disponível para a troca, sem exigências em excesso, sem prisão, sem algemas. Uma relação como esta é um tesouro onde floresce com abundância o amor a dois.

AS LINGUAGENS DO AMOR[34]

Gary Chapman, pastor, palestrante e locutor de rádio americano, fez uma notável observação sobre a forma como cada um de nós expressa amor em um relacionamento afetivo, a partir de um longo trabalho de aconselhamento pastoral a casais.

Embora muitas pessoas pensem que o amor é expresso da mesma forma, cada um tem a sua maneira peculiar de

---

33. Antoine de Saint-Exupéry, *O pequeno príncipe*, cap. XXI, pp. 49–51.
34. Gary Chapman, *As 5 linguagens do amor – como expressar um compromisso com seu cônjuge*.

se sentir amado e de fazer o outro sentir-se assim. É um ato de respeito observar como o outro se alegra e com quais posturas se sente digno e valorizado, da mesma forma que é respeitoso demonstrar para o outro com qual postura nós nos sentimos amados e valorizados.

Quando as linguagens do amor são reconhecidas e valorizadas, a troca pode ser mais proveitosa e eficaz.

Gary descreveu cinco grandes linguagens do amor, cada uma com seus dialetos específicos, dada a cultura, o contexto, a história de cada pessoa:

1. **PALAVRAS DE AFIRMAÇÃO** – Quem se sente amado através das palavras de afirmação precisa receber elogios e frases de encorajamento e gentileza. É uma necessidade humana básica, mas, para algumas pessoas, é a forma central de ser amado. Tais pessoas se sentem queridas, importantes e valorizadas quando seus projetos são incentivados, quando o que fazem é apreciado, quando a gratidão é espontânea, o que as motiva a fazer mais.

2. **TEMPO DE QUALIDADE** – Quem se sente amado através do tempo de qualidade aprecia que o outro dedique tempo livre a ele(a), com dedicação verdadeira e atenção completa. Tal tempo não pode ser gasto com o celular, o tablet ou a TV. Para tais pessoas, o fundamental é a presença plena, no aqui e no agora, elas se sentem queridas e valorizadas quando o outro lhes dedica a sua plena atenção quando estão juntas. Isso inclui conversas e atividades de qualidade, focadas e atenciosas.

3. **PRESENTES** – Quem se sente amado através de presentes necessita que o amor seja materializado em pequenos gestos de ternura. Presentes são todas as coisas dadas com amor, com intencionalidade de agradar aquela pessoa, desde um simples bombom, uma flor, um suco feito na hora, até os maiores mimos e agrados, esporádicos, em datas comemorativas.

4. **ATOS DE SERVIÇO** – Quem se sente amado através dos atos de serviço necessita que o outro a(o) ajude nas atividades domésticas e se ocupe do cuidado com a casa, com os filhos e com as coisas objetivas do dia a dia, com regularidade. Assim pode se sentir valorizada(o) e aliviada(o) dentro daquilo que poderia retirar a sua tranquilidade, caso tivesse de fazê-lo sozinha(o).

5. **TOQUE FÍSICO** – Quem se sente amado através do toque físico necessita de carinho, de beijo, de abraço, de uma mão posta na mão, de andar de mãos dadas, de dormir abraçado, de ter atividade sexual frequente e de qualidade.

Cada pessoa pode ter mais de uma forma de se sentir amado e algumas serem "poliglotas" e precisarem de todas elas. No entanto, cada um de nós tem uma linguagem emocional primária que nos faz sentir mais amado e mais valorizado.

Escolhi, aqui, falar apenas dos aspectos positivos dessas linguagens, no que é necessário, mas cada um pode, naturalmente, inferir os conflitos que são decorrentes da não expressão do amor naquela linguagem que é reconhecida pelo outro como a sua "língua mãe ou nativa", com a qual se sente melhor e se expressa com mais facilidade e liberdade.

Muitos casais sofrem não da falta de amor, mas do rigor em dar aquilo que não é reconhecido pelo outro como amor e com a indiferença em perceber como o outro se sente amado e valorizado. Essa postura fere o equilíbrio do casal não porque não haja amor dispensado, mas porque o que é ofertado não é tomado pelo outro como amor. Deseja-se sal e oferta-se açúcar, e vice-versa.

Faz parte do equilíbrio nas trocas liberar-se do movimento projetivo que exige do outro receber como gostamos de receber, e aprender a observar e ofertar aquilo que é reconhecido pelo outro como amor, com leveza.

Muitos relacionamentos caem no marasmo devido à insatisfação oculta do casal, que não verbaliza com naturalidade o que o(a) incomoda, ou que não se atenta, verdadeiramente, para o que incomoda o outro.

Quando o diálogo é estabelecido na relação a dois e ambos podem falar ou expressar o que necessitam, sem críticas ou imposições, então as linguagens podem ser mais facilmente perceptíveis, sobretudo no início dos relacionamentos, e a harmonia é mais facilmente estabelecida na relação.

RELAÇÃO COM AS FAMÍLIAS E O SISTEMA DO OUTRO

Quando duas pessoas se unem e formam um casal, uma nova família, estão formando um novo sistema, diferente daquele de onde cada um provém, a eles interligado. Para que isso aconteça de forma eficaz, é preciso que cada um se despeça de seus pais e da família de origem, realizando na alma o primeiro e fundamental movimento de tomar o amor dos pais como é.

Então, cheios da sua fonte, estão aptos a partilhar no amor a dois. Caso isso não aconteça, ficam presos ao sistema de origem, sem fazer o movimento essencial que os libera para a vida de casal.

Embora a lei da ordem nos ensine que "quem vem primeiro é grande e prioritário", isso não se aplica aqui. Quando um novo sistema é formado, na relação de casal, este passa a ser prioritário para ambos sobre o sistema de origem, pois se trata de fazer agora, por sua vez, o que é necessário para a vida passar adiante.

Esse momento é fonte de frequentes conflitos na relação a dois, pois cada um traz a fidelidade aos padrões de seu sistema de origem e o pertencimento os vincula a esses padrões. O medo de ser excluído do sistema original e a culpa de romper com crenças, modos de ser e de ir mais além dos horizontes que a família original foi, fazem com que as mudanças aconteçam vagarosas e, muitas vezes, não aconteçam.

Instala-se, frequentemente, um conflito de padrões, costumes e modos de fazer, que pode se tornar um embate diário entre o casal, quando não há respeito, diálogo e concessões.

Bert Hellinger ensina que:

Muito frequentemente o homem olha para a família da mulher e diz: "Minha família é melhor que a sua" e a mulher diz: "Minha família é melhor que a sua". Ambos dizem isso com a consciência tranquila, pois estão unidos às respectivas famílias através da consciência. O que acontece quando ambos dizem isso? O amor padece.

Mais tarde, eles têm filhos. Trata-se então como os filhos serão educados. Talvez então o homem diga: "Os filhos têm que ser educados de acordo com os costumes da minha família." E a mulher diz: "Eles devem ser educados como na minha." Como ficam os filhos? Ficam mal.

O que deveria acontecer aqui? O homem deve reconhecer que a família da mulher, apesar de diferente, tem o mesmo valor da sua. E a mulher tem que reconhecer que a família do marido, embora seja diferente da sua, também tem o mesmo valor. Se ambos procedem de culturas ou de religiões diferentes, devem reconhecer que a cultura ou a religião do outro, embora diversa, tem o mesmo valor da sua.

Mas eles não conseguem isso sem ficarem com a consciência pesada. Se forem ouvir a voz da sua consciência então têm medo: se reconhecerem isso, perdem a pertinência da família. O progresso e a paz na família só acontecerão se ambos deixarem sua boa consciência para trás, se ambos estiverem prontos a se sentirem culpados. Quem não conseguir se sentir culpado, nesse sentido, permanecerá para sempre uma criança.

Sentir-se culpado, na linguagem utilizada por Bert, significa afrontar os padrões do sistema de origem, permitindo-se "desobedecer" e construir seu próprio modo de ser e agir, em comunhão com o sistema da companheira ou do companheiro.

Se há respeito e não imposição, um terceiro sistema é formado, híbrido, com aspectos dos dois sistemas originais, retendo o melhor de cada um. Com isso, todos ganham.

Claro que existem os desafios do estabelecimento de limites com os sistemas originais de cada um, e se há inversões de ordem ou ausência de individualidades, esse momento é igualmente crítico.

É importante observar que o sistema do outro pertence a ele, e embora, no casal, estejamos lidando o tempo todo com os vínculos do parceiro ou da parceira com esse sistema, e até mesmo estabelecendo relações e convivendo com os membros dele, ele nunca chega a se tornar nosso sistema, ao qual pertençamos de fato. Continuamos, cada um, pertencendo ao sistema de origem, com respeito ao sistema do outro.

Isso significa que quem lida diretamente com os problemas do sistema do outro é aquele que a ele pertence. Quando um parceiro deseja que o sistema do companheiro o acolha como se fosse parte dele, estabelece-se, frequentemente, um conflito. Isso é facilmente notado na relação de noras com as sogras ou cunhadas. Aí se trata de uma relação de amizade e respeito, e não de pertencimento.

Quando alguém sofre por não se sentir aceito pela família do outro, exigindo, no coração, que os sogros o aceitem e o tratem como filha ou filho, ou os cunhados o tratem como ao irmã ou a irmã, então observa-se que o problema original e verdadeiro é a crítica que a pessoa tem com seu próprio sistema, ou seja, com seus pais e irmãos. Mais frequentemente com sua mãe.

Quem critica o próprio sistema busca substitutos para aqueles que critica. Por vezes professores, chefes de serviço, amigos e, naturalmente, a sogra ou o sogro.

Curar a relação com o próprio sistema é o caminho mais rápido para um bom relacionamento com a família do outro. Pode ser que esta tenha problemas que digam respeito a ela, no entanto, quando alguém está bem enraizado no seu próprio sistema, lida bem com isso, não dando valor excessivo para a crítica ou rejeição que possa existir no sistema do companheiro ou da companheira.

O olhar para os sogros deve ser de gratidão. Graças a eles aquele ou aquela que amamos existe, e isso é o que importa. Graças a eles aquela vida foi gerada, nutrida e sustentada até aquele ponto em que aquela pessoa ali está, disponível para trocar conosco e para criarmos, juntos, um novo sistema, uma nova família.

Quando alguém ama a uma outra pessoa, ama nela as duas metades dos sogros que ali se unem, formando aquele ser. Então, cada parceiro pode dizer na alma: "Ao te amar, amo também o amor de seus pais e aquilo deles que segue unido em você". Assim, o outro pode sentir que é verdadeiramente respeitado, com tudo que o compõe. Se isso não ocorre, fica uma estranheza e desconfiança oculta reinante entre o casal, pois a crítica velada do outro ao sistema do parceiro ou da parceira ameaça-lhe, na alma, aquele amor essencial que lhe compõe e que, para ele ou ela, é tão sagrado. Se o outro critica o seu sistema e o seu parceiro ou parceira concorda com a crítica e a estimula, favorece a fragmentação interna e a perda de força de quem ama, minando também as forças do casal.

Assim, como uma pessoa pode ajudar a quem ama a resolver os seus conflitos com o sistema de origem? Dando um lugar de amor e reconhecimento, no coração, para aquilo que o outro exclui e critica. Dessa maneira pode reconciliar, em si, o que o outro fragmenta, e atuar, com sua postura, como estímulo de cura para o outro. Quem assim faz ganha força e age ponderosa e beneficamente sobre quem ama, e, por consequência, sobre a relação.

Na prática isso se converte em bons comentários sobre aqueles que o outro critica; observações da força do pai e da mãe que se pode perceber nele ou nela; expressão de gratidão por aquilo que eles fizeram de bom e que propiciaram ao outro etc.

ACEITAÇÃO DA VIDA E DA REALIDADE COMO ELA É

A **aceitação da vida como ela é, e das pessoas como são**, produz força e vigor. Quando lidamos com o presente como ele se mostra, ganhamos força de realização, a ação no real. Presos no passado ou projetados no futuro, nada podemos realizar.

Só está verdadeiramente livre para um amor a dois aquele que cura as feridas da criança interna, na alma, tornando-se adulto. Se na idade adulta permanecemos críticos da nossa história infantojuvenil, acusando os seus personagens, então não assumimos a força da existência como ela é e rodamos em círculos sem avançar no crescimento fundamental que as fases da vida requisitam.

Bert Hellinger ensina-nos o caminho da reconciliação interior:

> Tudo aquilo que deploro eu excluo. Tudo aquilo que recrimino eu excluo. Todas as pessoas de quem tenho raiva eu excluo. Toda situação em que me sinto culpado eu excluo. Assim vou me tornando cada vez mais pobre.
>
> O caminho inverso seria: a tudo de que me queixo, fito e digo: sim, assim aconteceu e integro-o em mim, com todo o desafio que para mim isso representa. E afirmo: irei fazer algo com o que me aconteceu. Seja o que for que me tenha acontecido, tomo-o como a uma fonte de força. É surpreendente o efeito que se pode observar neste âmbito.
>
> Quando integro aquilo que antes tinha rejeitado, ou quando integro aquilo que é doloroso para mim, ou que produz sentimentos de culpa, ou o que quer que me leve a sentir que estou a ser tratado de forma injusta, o que quer que seja... quando tento incorporar tudo isso, nem tudo cabe em mim. Algo fica do lado de fora. Ao consentir plenamente, somente a força é internalizada. Todo o resto fica de fora sem me contaminar. Ao invés, desinfecta, purifica-me. A escória fica de fora, as brasas penetram no coração.[35]

---

[35] Bert Hellinger, *Um lugar para os excluídos*.

Quando aceitamos a nossa história de vida, tudo ganha uma força. Temos os pais certos, estamos na sociedade e no tempo corretos, com as pessoas e condições adequadas para nosso crescimento. Sentir-se vítima é adiar a própria felicidade.

O desculpismo e o vitimismo são as maiores armadilhas defensivas – e autossabotadoras – que utilizamos para não fazer o que deve ser feito pela nossa felicidade. Quando dizemos: "Não consigo", "Não posso", "Não dou conta", frequentemente estamos dizendo: "Não quero verdadeiramente".

O vitimismo é o caminho mais rápido para a infelicidade e o fracasso. Ninguém é vítima de nada nem de ninguém. Independente daquilo que foi vivido, cada um é livre para reinterpretar e ressignificar a própria história, extraindo a força de cada experiência. Só não o faz aquele que decide não fazer, porque mesmo aquele que ainda não conhece o recurso para a ressignificação emocional, ao aceitar a vida como foi ou é e decidir deixar de ser vítima, torna-se, desde já, autor e senhor da sua história.

Olhar para o que nos vincula a um padrão, característica ou destino, e para a postura que o soluciona, nos leva a um empoderamento pessoal e à liberação do fluxo da vida através da ação!

Isso implica em tomar a vida em nossas mãos e nos fazermos senhores da própria história. No entanto, não se faz isso excluindo pessoas que pertencem ao sistema porque fizeram algo mau, porque algo trouxe dor ou porque nós as ferimos. A solução está sempre na reconciliação, e nunca na exclusão:

A cura sempre começa com a dignificação do outro, ao qual fiz algo ou o qual expulsei da minha vida, apesar de ele pertencer a ela. Dando-lhe a honra que lhe cabe, a igualdade volta a vibrar e então o bom pode desenvolver-se.[36]

Falaremos mais adiante e mais detidamente sobre perdão e reconciliação, em capítulo específico. Aqui importa reconhecer que somente os adultos se dão em relação, e que não há verdadeiro amadurecimento na alma sem nos responsabilizarmos por fechar as feridas que trazemos nela. Isso não é responsabilidade de quem partilha conosco a vida, é dever e oportunidade pessoal. É sempre um grande presente ter a alegria de se tornar inteiro e maduro, assumindo a vida como ela é e a realidade como pode ser, com toda sua beleza e pujança, mesmo nas coisas aparentemente más ou difíceis. Bert Hellinger comenta:

> O que é uma vida plena?
> Uma vida plena, quero denominar assim, é aquela na qual me sinto em harmonia com a realidade tal como ela é. Portanto, quando me sinto em harmonia com meus pais, assim como são; com os meus ancestrais, assim como são; com a cultura na qual vivo, assim como ela é; com meu destino, assim como ele é; também com meus obstáculos, assim como são e com as possibilidades que tenho.[37]

---

36. Bert Hellinger, *A fonte não precisa perguntar pelo caminho*.
37. Ibidem.

JULGAMENTOS MORAIS

Julgamentos morais são algemas que nos prendem a valores e não nos permitem ver as pessoas humanas e sua dignidade. Os julgamentos promovem exclusões e nada acrescentam de bom à experiência humana. É através dos julgamentos que nos perdemos na arrogância que promove a inversão de ordem com os pais, e é também através deles que estabelecemos distanciamentos de quem amamos, ao criticar-lhes a conduta.

Quando o julgamento moral é prática comum ao casal, estabelece-se um jogo de encenação e aparência, pois cada um passa a se sentir ameaçado e esconde-se do outro ao invés de partilhar a sua verdade interior. Isso impede o amor a dois de fluir e seguir para níveis mais profundos e amplos. Bert Hellinger comenta com propriedade essa questão:

> Gostaria de dizer algo sobre o bom e o mau:
> Bom quer dizer: eu tenho mais direitos que você.
> Mau quer dizer: você tem menos direitos que eu.
> Inocente quer dizer: eu tenho mais direitos que você.
> Culpado quer dizer: você tem menos direitos que eu.

Quem se sente bom e inocente se sente superior ao outro e se distancia dele. No entanto, quem reconhece a própria sombra e o mal que ainda vive em si, quem olha para seu próprio sistema e reconhece, sem crítica, o mal que há em toda pessoa comum que a ele pertence, naturalmente passa a olhar para o outro com mais compaixão e misericórdia. O amor necessita desse terreno para se desenvolver. Só assim é possível incluir a família e o sistema do outro com respeito, para a formação de um terceiro sistema híbrido que se mova em direção a um destino mais amplo e mais leve que os dos sistemas de origem.

Tratando da despedida da família e dos julgamentos morais que a ela pertencem, Bert Hellinger comenta:

> Complicações surgem quando o homem precisa reconhecer que a família da mulher é diferente da sua família, e a mulher precisa reconhecer que a família do homem é diferente da sua e quando os dois precisam reconhecer que suas famílias de origem, apesar de diferentes, possuem o mesmo valor e são igualmente boas. Nesse momento os dois precisam despedir-se de vários julgamentos de valores que eram importantes em suas famílias.
>
> A isso, porém, opõe-se uma instância interna poderosa. Essa instância é a consciência. Quem se liga a sua própria família e a toma como modelo é consciencioso. Quando, porém, reconhece a família do parceiro, que é diferente da sua, como equivalente e tão boa quanto a própria, sente-se frequentemente culpado diante da própria família. Enfim, o reconhecimento da outra família como equivalente e possuidora do mesmo valor exige que nós nos despeçamos de nossos ideais de valores, até então considerados os únicos certos, ampliando e desenvolvendo assim a nossa consciência. Isso torna-se especialmente importante para a educação dos filhos.

Por exemplo: em uma família o álcool pode ser abominado, ou o uso de carne na alimentação, ou ainda determinados comportamentos, como fumar, falar palavrão, dentre outros, hábitos que podem estar presentes na família do parceiro ou da parceira, e até neles mesmos. Isso requer que ambos se olhem com respeito e sem julgar o comportamento um do outro, estabelecendo diálogos e acordos do que é aceitável e tolerável para cada um, de forma que os dois se sintam à vontade diante de suas famílias de origem e do sistema atual. Naturalmente, isso requer um trabalho interno e uma adaptação que só o amor pode realizar com eficácia.

No fundo se trata de aceitação, humildade, respeito e gratidão ao outro e a si mesmo, ao seu sistema e ao sistema do outro. Aí a paz pode ter lugar. Bert Hellinger afirma:

> Tenho estudado e observado muito para averiguar o que é importante para uma vida feliz. Ao final descobri que somente se necessitam três palavras. Três palavras mágicas. Três palavras que se aplicam na relação com nossos pais. E três palavras que se aplicam também na relação de casal. [...] Sim, por favor e obrigado.

Sim. Aceitação.
Eu aceito a vida que me foi dada como foi dada, como foi possível. Assim foi o suficiente. Aceito também os meus pais como o foram e como o são. Assim, são os pais certos para mim. Aceito a vida como é e a todos como são, da forma que se mostra, como pode ser, na impermanência natural da vida. Aceito a(o) parceira(o) comum, humana(o), imperfeita(o), como eu, com amor.
Por favor. Humildade.
Eu tomo a vida como ela é, da forma que me foi dada pelos meus pais, com inteireza. E demando dela, com gentileza, aquilo que sinto ser necessário, dentro do que for possível, caso o seja. Tomo também o amor do outro como

lhe for possível, como tenha para dar, com honestidade na partilha e na troca. E oferto o mesmo, com amor.

Obrigado. Gratidão.

Aos meus pais, pela vida. À vida pelo que é permitido, por tudo que disponibiliza, por tudo que é vivenciado. Ao outro, por tudo que é possível, por todo esforço, por toda conquista, por toda humanidade trocada, por todo caminho partilhado. Por mim mesmo, por fazer sempre o que é necessário, com amor.

Sim. Por favor. Obrigado.

Palavras e movimentos que libertam.

HOMENS E MULHERES COMUNS

Uma necessidade neurótica que estabelecemos com a vida é a de sermos especiais. Queremos ser especiais para nossos pais, depois para os amigos, mais tarde para um homem ou para uma mulher e, finalmente, para nossos filhos.

Sem dúvida, os laços afetivos tornam os vínculos de uma natureza terna e necessária tão profunda que transformamos aqueles vínculos e relações em algo muito especial para nossa alma. Especialmente nossos pais são fundamentais para que existamos e, para nós, eles são o que de mais sagrado existe.

No entanto, ao desejar que os outros sejam, e que nós mesmos sejamos especiais, estamos em busca de uma imagem irreal, fantasiosa. O especial é perfeito, não pode errar, é sempre virtuoso e não possui defeitos. O especial fica em um pedestal e é exaltado. Com ele não há relação, há apenas adoração.

A vida é feita de pessoas comuns. Só os comuns são imperfeitos, erram, caem, levantam, recomeçam, perdoam, reconciliam, erram de novo, se reconciliam novamente e por aí vai. Só os comuns aceitam a imperfeição do outro, são compassivos, ternos, pacientes, tolerantes. Só os comuns vencem preconceitos a serviço do amor, toleram faltas e defeitos por focar no que é cheio no outro. Só os comuns se casam e se perpetuam.

Os especiais não. Estes ficam solitários, angustiados, sempre aguardando quem seja bom o suficiente para ele ou para ela, exigindo sem cessar e fazendo lista do que falta para que o outro seja digno da sua atenção ou da sua maravilhosa companhia. Os especiais são solitários.

Só os comuns têm futuro e têm uma chance.

Dirigindo-se a uma multidão de doze mil pessoas na Universidade de Utah, em Salt Lake City, nos Estados Unidos, em que o tema do encontro era "Compaixão e Responsabilidade Universal", o Dalai Lama disse:

> Se você pensar que este orador é algo especial, então o que tenho a dizer não será muito relevante. Mas se você considerar que somos fundamentalmente iguais, o que tenho a dizer pode ser de alguma utilidade. De minha parte, eu nunca me considero algo especial – sou simplesmente um outro ser humano. Assim sinto que é muito fácil comunicar-me com os outros, sem me considerar algo especial. Na verdade, quando nascemos e quando morremos, ou quando somos hospitalizados, não há espaço para a formalidade. Formalidade é um

tipo de confinamento, como uma aranha que fica presa em sua própria teia.

Não há espaço para a formalidade, para ser especial, na relação com ninguém, principalmente com as pessoas mais fundamentais de nossa vida: nossos pais e quem divide conosco a relação de casal.

Aceitar que se é comum requer aceitar que aqueles que nos deram a vida são imperfeitamente comuns, divinamente humanos, e que assim como são, viveram uma vida de pessoas comuns, com decisões comuns de profundo efeito prático na vida de cada um de nós. Como pessoas comuns eles nos geraram e como um homem e uma mulher comuns, eles nos acolheram e nos criaram. Imperfeitamente. Suficientemente. Deram muito mais do que faltou. Foram absolutamente comuns na grandeza máxima do que isso representa.

Acolher essa realidade produz uma profunda libertação interior e conexão com a relação de casal e com a vida, pois só pode acolher o parceiro e a parceira como uma pessoa comum aquele ou aquela que a si se aceitou como o filho ou a filha comum, de pais comuns. E aí, em meio a tanta gente comum, a maravilha da vida acontece.

Carta de Bert Hellinger à sua mãe:

Querida mamãe.

Você é uma mulher completamente normal.

Como outras mulheres, milhões de mulheres também, e eu a amo como uma mulher totalmente comum.

E porque você foi uma mulher totalmente comum, você amou o meu pai, e ele também foi muito normal, e assim vocês se juntaram como homem e mulher. Se amaram como homem e mulher. Como muitos milhões de homens e mulheres.

E eu fui gerado através do amor de vocês. Como fruto do vosso amor. Um amor muito comum. Como um homem e uma mulher se amam.

Então vocês esperaram por mim com esperança e também com um certo medo... se ia dar tudo certo. E aí eu nasci, através da dor. Como outras mulheres também têm os seus filhos. Como a natureza prescreveu.

Então, eu nasci, e vocês olharam para mim e ficaram admirados. "É esse o nosso filho?" Então vocês se olharam nos olhos e disseram: "Sim, é o nosso filho, e nós somos os pais dele." E vocês me deram o vosso nome, e disseram para todas as pessoas: "Esse é o nosso filho. Ele nos pertence."

Então vocês cuidaram de mim por muitos e muitos anos. Vocês sempre ficaram a pensar como eu estaria e também o que eu estaria a precisar e então vocês lá estavam para mim. Como muitos outros milhões de pais estão para os seus filhos.

E, depois, como vocês eram tão comuns, vocês cometeram erros e algumas coisas causaram-me dor. Mas, porque vocês cometeram erros, eu pude crescer. Pude tornar-me como vocês. Eu agradeço-vos que vocês tenham sido tão comuns e dessa forma eu vos amo. Do jeito como vocês foram. Do jeito que vocês foram, vocês foram os pais ideais para mim.

E agora, querida mamãe, eu preciso dizer-lhe uma coisa muito importante. Eu a liberto de todas as minhas expectativas. Que ultrapassa tudo aquilo que possa ser esperado de uma mãe. Ninguém fez mais por mim do que você. E foi muito mais do que o necessário.

E assim eu a amo. Bem comum.

Querida mamãe.

Uma jovem mulher procurou um *workshop* de constelação familiar para trabalhar o conflito na relação de casal. Ambos estavam no segundo casamento e haviam decidido viver juntos após pouco tempo de relacionamento.

Ela, psicóloga, olhava com muita crítica para o companheiro, e achava-o extremamente exigente com ela. E de fato ele o era. Queria que ela mudasse suas características físicas e psicológicas para se adequar ao que ele esperava de uma mulher.

Ele, engenheiro, mente lógica e racional, matematizava o relacionamento e tratava as questões com argumentação e imposição, como se quisesse ser a figura central do relacionamento.

Colocados os representantes para ele e para ela, logo o conflito se mostrou claro. Ambos se criticavam. O representante dele se defendia dela, embora a olhasse com constância. Ficou claro, pela percepção do campo, que ambos tinham questões não resolvidas com seus próprios sistemas. No entanto, somente ela ali estava pedindo ajuda, e não seria justo, ético ou útil entrar nas questões dele sem que ele demandasse ou autorizasse.

Foram colocados representantes para o pai e para a mãe dela, e logo a representante se moveu, colocando-se entre o pai e a mãe, puxando a mãe para longe do pai. Estava clara a dinâmica sistêmica oculta.

A filha, por crítica à maneira como o pai tratava a mãe, tentava separar-lhes e culpava o pai pelo aparente insucesso daquela relação. Era uma filha caçula. Os caçulas, embora sejam os últimos do sistema, frequentemente se sentem no direito e no dever de intrometer e "resolver" o que julgam ser um problema nas relações dos que vieram antes. Não só não resolvem como criam novos problemas. Os caçulas são os menores do sistema e receberam mais, da força de todos, embora frequentemente se queixem de terem recebido menos, e sentem uma pressão para devolver o que foi recebido. Não percebem que a gratidão pelo que receberam será transmitida à vida e aos que vierem depois, com respeito ao destino e ao sacrifício de todos que lhe permitiram ali estar.

Além de caçula, ela era filha temporona. Havia chegado ao sistema sem programação e os pais a aceitaram com amor. Os filhos não programados são mais amados que aqueles que foram planejados pelos pais, pois estes atendem, também, a uma necessidade dos pais de terem filhos, enquanto os não programados, sobretudo os caçulas em famílias numerosas, chegam quando o sistema já era suficiente perante a demanda interna dos pais, e requisitam deles um amor maior para acolher o que a vida programou. Esses filhos são, frequentemente, mais amados que os anteriores, embora se queixem de receber menos. Assim se estabelece uma dinâmica de dívida na alma para com os pais que os filhos tentam compensar cuidando deles, como se pequenos ou crianças fossem, sem perceber que, assim, invertem a ordem e obstaculizam a própria vida.

A cliente foi, então, colocada no campo, e o facilitador interveio, ajudando-a a olhar para a mãe e para a relação dela com o pai com outros olhos. Sobretudo, propiciou que ela visse o amor da mãe pelo pai e de ambos por ela, ali expresso nos representantes. Ela se emocionou muito.

Percebeu rapidamente que os pais estavam juntos havia quarenta anos, e isso não se devia à passividade da mãe, como acreditava, mas ao amor humano, imperfeito, comum, forte, suficiente, que os unia, e do qual ela era uma das continuidades.

Então, o facilitador a propôs uma frase de solução. Olhando para a mãe, ela disse, emocionando-se: "Querida mamãe, me ensine a respeitar o meu homem com a mesma grandeza com que a senhora respeita o homem comum que é o papai. Me ajude a tomar da sua força de admiração pelo que é cheio nele, eu preciso muito fazer isto com meu homem também." A mãe sorriu. O representante do marido a olhava, agora, sem resistência, com ternura.

AMOR FEINHO

Eu quero amor feinho.
Amor feinho não olha um pro outro.
Uma vez encontrado, é igual fé,
não teologa mais.
Duro de forte, o amor feinho é
    magro, doido por sexo
e filhos tem os quantos haja.
Tudo que não fala, faz.
Planta beijo de três cores
    ao redor da casa
e saudade roxa e branca,
da comum e da dobrada.
Amor feinho é bom porque
    não fica velho.
Cuida do essencial; o que brilha
    nos olhos é o que é:
eu sou homem você é mulher.
Amor feinho não tem ilusão,
o que ele tem é esperança:
eu quero amor feinho.

— Adélia Prado

6

Traições conjugais

As traições conjugais, casos, relações extras ou triângulos amorosos existem desde que o mundo é mundo, e desde que o homem estabeleceu relacionamentos afetivos entre si. Naturalmente, o seu significado varia enormemente de cultura para cultura, de família para família, de pessoa para pessoa.

Há culturas em que a poligamia é uma instituição cultural, na qual os homens – e exclusivamente eles, na grande maioria – tem o direito de ter várias mulheres ou famílias, o que é aceito por todos, seja por concordância, seja por força da cultura ou por incapacidade de se opor a tal situação. Tivemos a oportunidade de conversar com mulheres que fazem parte dessas culturas e algumas não demonstraram nenhum peso por tal circunstância; outras manifestaram não ser a sua escolha, mas confessaram estar gratas por terem um homem para cuidar delas, mesmo que este homem apareça uma ou duas vezes por ano em casa; e outras manifestavam tristeza e impossibilidade de lutar contra uma situação que as machucava, porém não se sentiam autorizadas a reagir ou se manifestar, dada a força da cultura e a forma como as mulheres eram tratadas em tal contexto. Naturalmente, nesse caso não se trata de traição, pois há um acordo prévio, mesmo que imposto, de que tal fato ocorrerá.

A definição de traição é subjetiva e varia muitíssimo, sobretudo hoje em dia em que o acesso à pornografia *online*, a *chats* ou aplicativos de paquera ou sexo virtual, além das mensagens instantâneas, é tão fácil, difundido e tratado diferentemente por cada pessoa. Por isso as estatísticas de quantas pessoas traem no mundo variam enormemente, de 26 a 75%.[38] No Brasil, a dra. Carmita Abdo revela que 75% dos homens e 50% das mulheres pesquisadas afirmaram trair.[39] Há quem julgue, subjetivamente, que se trata de um número ainda maior.

Há casais que estabelecem relacionamentos abertos nos quais os seus membros podem ter relacionamentos sexuais esporádicos ou frequentes fora do casamento ou do relacionamento, sem envolvimento afetivo, de comum acordo. Há ainda casais que procuram espaços onde possam vivenciar, juntos, a troca de parceiros, com objetivo meramente sexual, de igual acordo. Alguns que vivem esses relacionamentos dizem que eles só se sustentam porque esses acordos existem. Já há quem diga que esse tipo de relacionamento só permite ou tolera acordos desse tipo devido a

---

[38]. *Repensando a infidelidade – uma palestra para quem já amou*. Disponível em https://www.ted.com/talks/esther_perel_rethinking_infidelity_a_talk_for_anyone_who_has_ever_loved/up-next?language=pt-br

[39]. Carmita Abdo, *Descobrimento sexual do Brasil – para curiosos e estudiosos*.

uma grande falta entre os parceiros, e que essa conduta é sintoma de que algo vai muito mal naquele relacionamento.

Há ainda casais que permanecem juntos, afetivamente vinculados, sem relação sexual e sem conseguirem distanciarem-se uns dos outros, em uma relação fraternal, autorizando-se a terem relações sexuais com outras pessoas fora do relacionamento.

Aqui, não julgamos nenhum tipo de relação. Como médicos e terapeutas, temos visto que cada pessoa e cada relacionamento é um mundo à parte que não cabe nas limitadas caixinhas de nossas definições e julgamentos morais. O que fazemos é observar os efeitos de cada postura e atitude dentro e fora dos relacionamentos e discutir os princípios ali existentes, de forma a ampliar o olhar para o que ocorre nessas relações, e que tipo de posturas trazem paz e êxito.

Relação afetiva é acordo mútuo entre dois seres e importa que ambos estejam de comum acordo com aquilo que estabelecem para si. O que escolhem pertence ao sistema de valores de cada um, à maneira como lidam e veem o sexo, aos padrões familiares, às dependências interiores etc.

O fato é que para a maioria dos casais a fidelidade é um valor sagrado e essencial, pois aquele relacionamento é estruturante do senso de valor pessoal e da identidade do eu. É o espaço onde se estabelece intimidade, partilha, troca e afeto em um nível muito profundo, distinto dos demais relacionamentos, e onde se pretende ser especial para alguém e tomar essa pessoa como especial para si.

Uma traição conjugal é uma ferida narcísica profunda, pois abala a confiança, em si mesmo e no outro, a intimidade, a entrega, e coloca em risco a própria relação, bem como o sentimento de estabilidade interior. Não é à toa que

95% das pessoas afirmam que não tolerariam uma traição, e estas mesmas 95% afirmam que esconderiam uma traição caso a vivenciassem.[40] Isso porque uma traição conjugal descoberta promove uma crise no relacionamento a qual boa parte das pessoas não tem estrutura interior para suportar. Essa tem sido uma das causas de muitos crimes passionais, bem como de muitos comportamentos adoecidos.

Do ponto de vista do conhecimento espírita, que demonstra que a monogamia é caminho de estabelecimento do afeto e de responsabilidade entre os seres, como vimos no primeiro capítulo, a traição conjugal é entendida como uma lesão afetiva de graves responsabilidades espirituais para aquele que a determine, ficando este vinculado aos efeitos diretos e indiretos do que promova, naquilo que seja de sua responsabilidade.

André Luiz comenta que:

> Toda vez que determinada pessoa convide outra à comunhão sexual ou aceita de alguém um apelo neste sentido, em bases de afinidade e confiança, estabelece-se entre ambas um circuito de forças, pelo qual a dupla se alimenta psiquicamente de energias espirituais, em regime de reciprocidade.
>
> Quando um dos parceiros foge ao compromisso assumido, sem razão justa, lesa o outro na sustentação do equilíbrio emotivo, seja qual for o campo de circunstâncias em que esse compromisso venha a ser efetuado.

---

40. *Repensando a infidelidade – uma palestra para quem já amou*. Disponível em https://www.ted.com/talks/esther_perel_rethinking_infidelity_a_talk_for_anyone_who_has_ever_loved/up-next?language=pt-br

É dada a ruptura no sistema de permuta das cargas magnéticas de manutenção, de alma para alma, e o parceiro prejudicado, se não dispõe de conhecimentos superiores na autodefensiva, entra em pânico, sem que se lhe possa prever o descontrole que, muitas vezes, raia na delinquência.

Tais resultados da imprudência e da invigilância repercutem no agressor, que partilhará das consequências desencadeadas por ele próprio, debitando-se-lhe ao caminho a sementeira partilhada de conflitos e frustrações que carreará para o futuro.[41]

Isso porque muitas pessoas se desequilibram e adoecem psiquicamente diante dos desencontros afetivos, podendo raiar no suicídio ou em atos de loucura que violentem a si mesmos e a terceiros, como o parceiro ou a parceira, ou até mesmo os filhos do casal, parentes e outros envolvidos, como vemos com frequência nos noticiários.

André Luiz acrescenta:

> Entre os Espíritos santificados e as almas primitivas, milhões de criaturas conscientes, viajando da rude animalidade para a Humanidade enobrecida, em muitas ocasiões se arrojam a experiências menos dignas, privando a companheira ou o companheiro do alimento psíquico a que nos reportamos, interrompendo a comunhão sexual que lhes alentava a euforia, e, se as forças sexuais não se encontram suficientemente controladas por valores morais nas vítimas,

---

41. Francisco Cândido Xavier e Espírito Emmanuel, *Vida e sexo*, cap. 6.

surgem, frequentemente, longos processos de desespero ou de delinquência.[42]

A irresponsabilidade afetiva e a deserção aos compromissos afetivos e espirituais previamente assumidos diante da reencarnação têm sido a causa de inúmeras reencarnações de reajuste e reparação. Isso porque, como já vimos, o respeito ao masculino e ao feminino ainda não é uma conquista da maioria das pessoas, e os relacionamentos afetivos andam banalizados e desrespeitados na sociedade atual. Emmanuel chama-nos atenção para o fato de que:

> Cada Espírito detém consigo o seu íntimo santuário, erguido ao amor, e Espírito algum menoscabará o "lugar sagrado" de outro Espírito, sem lesar a si mesmo. Conferir pretensa legitimidade às relações sexuais irresponsáveis seria tratar "consciências" qual se fossem "coisas", e se as próprias coisas, na condição de objetos, reclamam respeito, que se dirá do acatamento devido à consciência de cada um?
> É óbvio que ninguém se lembrará, em são juízo, de recomendar escravidão às criaturas claramente abandonadas ou espezinhadas pelos próprios companheiros ou companheiras a que se entregaram, confiantes; isso, no entanto, não autoriza ninguém a estabelecer liberdade indiscriminada para as relações sexuais que resultariam unicamente em licença ou devassidão.

---

42. Francisco Cândido Xavier e Espírito André Luiz, *Evolução em dois mundos*, cap. 18.

Instituído o ajuste afetivo entre duas pessoas, levanta-se, concomitantemente, entre elas, o impositivo do respeito à fidelidade natural, ante os compromissos abraçados, seja para a formação do lar e da família ou seja para a constituição de obras ou valores do espírito.[43]

Conscientes, então, da responsabilidade que nos cumpre observar perante o sentimento alheio e os compromissos assumidos, quaisquer que sejam eles, importa que aprofundemos o olhar para as causas das traições conjugais, do ponto vista psicológico, afetivo e sistêmico, a fim de ampliarmos nossa visão para esse fenômeno.

É ainda Emmanuel quem amplia a observação das corresponsabilidades daqueles que se sentem traídos, conclamando a observar quais as atitudes e posturas atuaram para favorecer o episódio da traição:

> Os participantes da comunhão afetiva, conscientes dos deveres que assumem, precisam examinar até que ponto terão gerado as causas da indisciplina ou deserção naquele ou naquela que desistiu da própria segurança íntima para se atirar à leviandade. Justo ponderar quanto a isso, porquanto, em muitas ocorrências dessa espécie, não é somente aquele ou aquela que se revelam desleais, aos próprios compromissos, o culpado pela ruptura na ligação afetiva, mas igualmente o companheiro ou a companheira que, por desídia ou frieza, mesquinhez ou irreflexão nos votos abraçados, induz a parceira ou o parceiro a resvalarem para a insegurança, no

---

43. Francisco Cândido Xavier e Espírito Emmanuel, *Vida e sexo*, cap. 19.

campo do afeto, atraindo perturbações de feição e tamanho imprevisíveis.[44]

Joan Garriga comenta:

Muitas pessoas sofrem no relacionamento afetivo pelo fato de assumir a culpa e os erros, livrando a cara do companheiro, que respira aliviado com sua inocência e não tem de enfrentar a si mesmo. E, ao contrário, há pessoas que culpam desesperadamente o outro para salvar a sua dignidade e se estendem em sua raiva fazendo todos os males recaírem sobre o companheiro. Nada disso serve, nem *mea culpa* nem a *sua culpa*. Nem culpar nem se culpar. O que ajuda é entender nossa coparticipação nos resultados e nos responsabilizarmos por eles e, se possível, nos flexibilizarmos e desenvolvermos novas opções que possam mudar o *status quo* do relacionamento.[45]

DINÂMICAS SISTÊMICAS

Via de regra não há vítima verdadeira em um episódio de traição. Embora uma traição possa ser determinada por um movimento pessoal feito por uma só das pessoas do casal, o mais comum é que existam as responsabilidades de cada um, em níveis diferentes na dinâmica interna do

---

44. Francisco Cândido Xavier e Espírito Emmanuel, *Vida e sexo*, cap. 20.
45. Joan Garriga, *O amor que nos une – quando um e um são mais que dois*, cap. 16, p. 91.

casal, explícitas ou implícitas, abrindo brechas para aquela situação. Olhar para isso promove ampliação de consciência e possibilidades, porém requer da pessoa que se sente traída que abra mão do papel de vítima, supere a raiva inicial do processo de luto e se permita olhar sem julgamento moral para o que foi vivenciado, como possibilita, por exemplo, a constelação familiar, mostrando os vínculos e a dinâmica oculta do casal.

Vimos anteriormente que o equilíbrio é uma lei sistêmica fundamental na relação de casal, que se mantém em uma estabilidade dinâmica entre o dar e o receber, o tomar e o oferecer, em igualdade. Quando esse equilíbrio é ferido e uma das partes dá mais do que recebe, ou quando alguém se recusa a tomar do que é dado, então um desequilíbrio natural se instala e os parceiros se afastam. Quem dá muito favorece para que o outro não só se afaste, mas igualmente saia do relacionamento, frequentemente através de uma traição conjugal.

Quem dá muito tem a expectativa de que precisa ofertar, cuidar, fazer pelo outro, e isso representa um profundo desrespeito, pois trata o outro como filho ou filha e não como a um igual, digno de respeito. Há homens que declaram procurar prostitutas para viver uma relação em que se sintam valorizados, desejados, importantes, visto não terem isso dentro de casa com suas mulheres. O mesmo para as mulheres, na atualidade.

Vejamos um caso abordado por Bert Hellinger em um de seus *workshops*:

> CLIENTE: Meu marido teve um caso com outra mulher durante anos. No princípio, achei difícil aceitar isso, mas com

o tempo desisti de mudá-lo. O senhor poderia falar algo a respeito de infidelidade e relação extraconjugais?

HELLINGER: Quando a mulher trata o marido como uma criança, tentando melhorar seu comportamento e agindo como se soubesse o que é melhor para ele... ele acaba arrumando uma amante. Esta passa a ser, então, a sua verdadeira parceira. Se ele mantém um bom relacionamento com a esposa, mas conserva a amante, é provável que a amante represente a sua mãe. Talvez o mesmo seja verdadeiro para a mulher que arruma um amante – ou está sendo tratada pelo marido como criança ou procura no amante alguém que represente seu pai ou sua mãe.

Em regra, a esposa que consente no triângulo amoroso é a filhinha do papai. Se estivesse em busca de uma solução, abandonaria a esfera de influência do pai e voltaria para a da mãe. O homem que vive um triângulo amoroso é muitas vezes o filhinho da mamãe, e a solução, para ele, consiste em voltar à esfera do pai.[46]

Bert cita a filhinha do papai e o filhinho da mamãe que são, como vimos anteriormente, a mulher que critica a mãe e está mais conectada ao pai e o homem que critica o pai e está mais conectado à mãe.

Frequentemente o filhinho da mamãe se torna um Don Juan, conquistador e sedutor, buscando seu valor na capacidade de adoração das mulheres por si, pois não toma a força de seu pai e do masculino com respeito e em

---

46. Bert Hellinger, *A simetria oculta do amor.*

profundidade. O homem que toma a força do pai e da linhagem masculina de sua família respeita as mulheres e é para elas um homem completo, não brinca com seus sentimentos nem abusa de uma pretensa superioridade que lhe confere direitos imaginários.

A mulher que aceita o lugar de amante está aceitando um lugar de menor valor, no qual não terá verdadeiramente o que precisa e deseja. Isso manifesta que aquela mulher não se acha digna o suficiente para merecer um amor inteiro. Se o achasse não precisaria se colocar em um lugar de segundo plano nem se envolver com os emaranhamentos afetivos do companheiro que não estão resolvidos em seu relacionamento atual, criando uma competição pelo amor e pela atenção integral daquele homem ou aceitando-o fragmentado, episodicamente ou apenas sexualmente.

Joan Garriga comenta que:

> Uma mulher se torna mulher com as mulheres, nela encontra e inala o aroma do feminino, mas algumas se mantêm apegadas ao pai, muitas vezes até acima da mãe, e em seus relacionamentos afetivos têm graves dificuldades para respeitar os homens e para dar ao companheiro um bom lugar. Muitas vezes se mantêm amarradas ao sentimento de princesinhas do papai, mostram-se muito sedutoras, mas não conseguem vislumbrar nenhum homem que esteja à altura definitiva do pai. Além do mais, esperam que o homem lhes dê o valor de que necessitam como mulheres, o que é outro paradoxo irresolúvel. São muito sedutoras, atraentes e apaixonadas e convencem os homens de que são maravilhosas; são únicas na arte da conquista. Os homens se deixam convencer facilmente, mas elas continuam insatisfeitas e buscam o homem

definitivo, que nunca chega. Com frequência encarnam o protótipo da amante, porque os homens não podem lhes dar seu valor como mulher: isso só é possível proveniente da mãe e das mulheres.[47]

É na conexão com a mãe e a linhagem feminina que a mulher tem o seu tesouro, pois tudo que deseja um homem é uma mulher conectada à força do seu feminino em sua plenitude. A mulher conectada ao feminino respeita a si mesma e ao homem, e dele toma o que tem para dar, com seriedade e compromisso.

Joan Garriga observa, sobre as relações heterossexuais:

Nada há mais irresistível para um homem que o verdadeiro respeito e o sincero sorriso de uma mulher, e nada mais irresistível para uma mulher que ser respeitada como mulher e amada tal como ela é, incluindo seu mistério.[48]

TRIÂNGULO AMOROSO

No mundo do casal costuma haver uma dinâmica bastante comum em que, em vez de dois, sejam três no campo emocional, o que significa que a atmosfera do casal inclui um terceiro em torno do qual giram suas mais importantes dinâmicas. Esse terceiro, que configura o triângulo, pode ser um amante,

---

[47]. Joan Garriga, *O amor que nos faz bem – quando um e um somam mais que dois*, p. 89.
[48]. Ibidem, p. 69.

o álcool, drogas ou outras substâncias, um(a) companheiro(a), anterior, um(a) parceiro(a) idealizado(a) pela fantasia de um dos membros do casal, a mãe ou o pai de um deles, ou um filho ou até mesmo um emprego ou uma vocação especial etc.[49]

Quando o casal gira em torno de um terceiro, este passa a ser o centro de sua dinâmica do casal. No caso do álcool, por exemplo, Joan Garriga demonstra que o casal se sustenta nas suas dores. Quem bebe, bebe para anestesiar a dor do abandono, por exemplo, mesmo sem o perceber, e é criticado por isso. Sente-se então desprestigiado por meio da crítica e reforça o sentimento de abandono, bebendo mais para compensar, e mantendo um círculo vicioso de sustentação do vício e do triângulo de casal.

De outras feitas, o terceiro é uma pessoa, por vezes um parente que se mete na relação, um irmão ou irmã que tenta fazer as vezes de mãe ou de pai, sobretudo quando os irmãos partilham, no coração, a crítica pelos pais. Nesses casos, um deles se oferece ao outro no cuidado "como um pai ou mãe melhor", mesmo depois que o irmão se casa. Isso pode ter uma solução quando um deles renuncia à crítica aos pais, olha para a grandeza deles e volta ao seu lugar de pequeno diante deles, de irmão perante o irmão, sem acusações.

Há casais que dependem do uso conjunto de maconha, cocaína ou outras drogas para sentirem alegria, calma ou mesmo prazer sexual. Quando assim é, o casal se sustenta como se fossem muletas, em que ambos se sentem

---
49. Ibidem, p. 105.

amputados de algo essencial – frequentemente partilhando a mesma dor – e substituem o movimento de solução pelo uso do entorpecente, que anestesia e evita que tenham que enfrentar as feridas interiores e o vazio existencial. Nesses casais, o amor é secundário, o primário é a fuga da solidão e da dor existencial.

OUTRAS DINÂMICAS SISTÊMICAS

Uma outra dinâmica presente por detrás das traições conjugais é aquela em que aquele que foi traído saiu primeiro da relação, de forma velada, deixando só aquele que, posteriormente, viveu a traição. Isso acontece com homens ou mulheres, mas muito mais frequentemente com mulheres que se recusam à comunhão sexual, interrompendo a conexão do casal nesse nível, seja pelas mudanças corporais após a menopausa, seja por motivos religiosos ou espirituais, ou porque o móvel de seus interesses se deslocou para outro ponto. Relacionamento de casal sem comunhão sexual é um relacionamento incompleto, pois uma das grandes experiências de intimidade, partilha e prazer é a relação sexual, sobretudo em um relacionamento com alguém que você elegeu para estabelecer comunhão em um nível mais profundo que qualquer outra relação.

Então, diante de traições conjugais, devemos observar quem saiu primeiro do relacionamento. Quem sai primeiro exerce uma força ou pressão para que o outro saia. Muitas vezes um amante serve para manter uma pseudoestabilidade do casal, quando as aparências de casal perfeito são mantidas, apesar da frieza entre ambos na intimidade, ocupando o(a) amante o lugar de partilha afetiva e intimidade sexual real para um dos parceiros.

Muitas vezes uma traição conjugal funciona como o estopim de uma revolução no casal, obrigando-os a encararem distanciamentos, faltas, descuidos, acomodamentos e comodismos, dentre outras condições, que não encarariam se não viesse um tsunami inundar a praia em que tranquilamente repousavam, causando tumulto e destruição, e obrigando-os a se realocarem em outro local, com nova disposição. A partir de uma crise um casal pode se conhecer melhor, reconhecer responsabilidades e corresponsabilidades, se renovar ou terminar um relacionamento que já estava morto ou no CTI, sem reconhecerem.

Também acontece de as traições conjugais serem repetições de padrões familiares, quando a mãe ou o pai vivenciaram o mesmo, ou os avós, em vínculos de amor cego com os antepassados. Reconhecer esses vínculos e observar as posturas mais leves que temos, agora, a possibilidade de viver, promove libertação e liberação para uma vida de casal mais plena do que a que aqueles que vieram antes puderam viver. Acolher e viver essa vida leve e plena, hoje, é uma forma de honrá-los e agradecê-los.

Outra dinâmica possível é que através da traição um dos parceiros busque compensar ou ferir o outro por vingança ou por acreditar que ele mereça ser punido por algo realizado ou não. Quando tenha havido um prejuízo afetivo que necessite compensação, o casal necessita olhar para o equilíbrio, para além do perdão que restabeleça a dignidade das trocas entre eles.

Acontece também que pessoas com altas idealizações costumam punir o parceiro que, durante a paixão, se prontificou a atendê-los e depois renunciou a esse papel. Nesse caso, trata-se de um impulso egoísta, narcisista e infantil, que precisa ser curado.

CRIANÇA INTERIOR

Um aspecto importante de se reconhecer na dinâmica do casal é o efeito das lesões afetivas não resolvidas da nossa infância, que vivem atuantes no presente em nossa criança interior.

Nietzsche chama os sentimentos dessas feridas internas de cães selvagens e diz que eles ficam latindo em nosso interior: medo, rejeição, angústia, solidão, trauma, abuso, falta, carência, raiva, ciúmes... Em um relacionamento a dois, os cães selvagens de um interagem com os cães selvagens do outro, e muitas vezes ambos se olham com amor e desejo, mas à distância, não se aproximam nem estabelecem vínculos.

Se observarmos as músicas sertanejas ou as de maior sucesso na atualidade, para além das que exaltam o homem ou a mulher como objetos sexuais, ou o sexo como a coisa mais importante da vida, veremos que abordam situações de abandono afetivo, traições conjugais, solidão, além do ato de se embebedar ou se envolver com múltiplas pessoas como o anestésico para as dores do sentimento. Essas músicas fazem enorme sucesso porque a voz que fala em cada uma delas é a da criança interior ferida, a que se sente abandonada, solitária, desprestigiada, sem a atenção e o cuidado que julgava necessitar ou merecer. Quando essas feridas estão ativas, são projetadas no relacionamento a dois as carências não atendidas na relação com a mãe ou com o pai, e o parceiro ou a parceira se convertem em figuras parentais, inaptos para atender aquela demanda; assim, a relação fatalmente caminhará para desilusões e frustrações, quando não para lesões afetivas graves.

O homem que não cura a sua criança interior, na relação com a mãe, particularmente, não olha para uma mulher com respeito. Brinca com elas ou abusa delas. É isso que fazem os moleques, os homens recém-saídos da infância e ainda não maduros para a profundidade de uma relação a dois. No começo da adolescência é compreensível, na vida adulta representa fixação a uma ferida emocional que lhe cumpre curar. Mulher nenhuma poderá fazer isso por ele, pois mesmo quando encontra uma mulher apta a estar inteira em uma relação, ele só estará inteiro quando preencher seu coração da inteireza do amor da mãe. Muitos homens fazem isso enquanto estão em um relacionamento, aproveitando a presença de uma mulher que o respeita para mergulhar profundo em si mesmo e curar o que necessita ser curado. Os que não fazem, vivem relações sexuais e afetivas as mais variadas, na busca do senso de valor que não se dão.

Igualmente, a mulher que não soluciona suas feridas infantis se coloca como menina perante um homem e o afasta, se torna ciumenta e possessiva, atraindo para si somente aqueles que se encontrem igualmente não resolvidos com seus pais, estabelecendo uma relação em que o abuso é frequente.

CIÚMES

O ciúme é natural em certo nível, e saudável quando bem dosado, pois representa atenção e cuidado com a relação. Quando assim é, não limita, não prende, não constrange. Se assim o faz, é doentio. Nesse caso, trata-se de um autoabandono ou falta autoimposta.

Amar alguém é saudável e nutritivo. Exigir presença ou exclusividade do afeto daquela pessoa ou da relação, é doença e se converte em uma prisão.

Os ciúmes que ultrapassam o cuidado revelam-se como expressão da carência interior e da desconexão com a fonte de amor dos pais.

A árvore que se mantém com as raízes expostas, desconectada do terreno fértil de onde nasceu, vive tamanha sede e necessidade que precisa de alguém ao lado, em tempo integral, regando as suas raízes. Se aquela pessoa se afasta, demonstra cansaço ou necessidades individuais que não a incluam, então vive uma crise de valor pessoal e sente o afastamento como uma ameaça à própria vida. Essa árvore necessita voltar urgentemente à conexão com o terreno que a nutre e sustenta.

Alguns e algumas, em atitude histriônica e distante do autoamor, ameaçam a si mesmos para tentar ferir ao outro, sem alcançar diferente resultado senão o do desvalor pessoal e do aprofundamento das dores íntimas. Isso porque se alguém se move e fica em um relacionamento devido ao ciúme, à chantagem emocional ou ao desespero do outro, não fica porque ama, e sim porque tem dó. Fica porque desacredita da capacidade da outra pessoa e a olha como pequena, criança, como ela mesma se mostra e fica para cuidar e não para trocar.

O ciumento pode ser uma pessoa imatura que quer que tudo gire ao seu redor, com uma necessidade neurótica de satisfação de seu ego infantil, com dificuldade de trocar, partilhar, dividir e ver a necessidade do outro.

Uma relação é sustentada em palavras de afirmação, elogios e incentivos partilhados. O ciumento não consegue fazer isso, pois para elogiar alguém, é preciso ter muita maturidade emocional e não se sentir diminuído nem ameaçado. Quem tem sentimento de inferioridade diminui o outro para se igualar ao invés de se elevar para se equilibrar com ele.

O ciúme descontrolado costuma destruir a relação, pois vê ameaça em tudo e acaba por detonar a dinamite da autodestruição do relacionamento, minando o alimento afetivo que sustenta as trocas. Joan Garriga comenta algo interessante:

> Eu vi casais nos quais um dos membros sente enormes ciúmes infundados, fazendo presente no espaço mental de ambos um amante hipotético e inexistente, como se pretendesse conseguir, com sua insistência ciumenta, que o companheiro realmente seja infiel e tenha uma aventura com terceiro. Essas pessoas às vezes não param até que conseguem, pois o maior anseio de uma profecia é seu cumprimento quando o alvo de um medo imenso é atingido com sua verificação e confirmação.

Esse ciúme pode estar sustentado no sentimento de menos-valia e na necessidade de perder aquilo que foi conquistado, como se fosse um esforço para colocar para fora o outro e confirmar um sentimento de inferioridade, desvalor ou insignificância que a pessoa traz em seu interior.

Também acontece de o ciumento ser a pessoa que deseja sair do relacionamento, por qualquer razão, e não o assume. Então, projeta sobre o outro o seus ciúmes de forma a fazer com que ele não suporte e saia do relacionamento; e a pessoa ciumenta, que verdadeiramente queria inconscientemente sair, pode agora fazê-lo com consciência leve, atribuindo a culpa ao parceiro e sentindo-se vítima. "Cada mente vê nos outros aquilo que traz em si mesma", ensina André Luiz.[50]

No entanto, a observação de Joan é ainda mais interessante porque casa com as percepções espirituais que a literatura mediúnica apresenta. O médico espiritual André Luiz narra um caso de ciúmes e triângulo amoroso espiritual, que muito se assemelha ao caso descrito acima.

Anésia e Jovino eram um casal maduro, com três filhas. Desde algum tempo Anésia vinha percebendo a mudança do marido, o esfriamento da relação e o distanciamento do casal. Interpelou-o, sem sucesso. Ele nada admitia. Enquanto conversavam, uma imagem de mulher se projetou sobre o seu psiquismo e ele ficou hipnotizado por ela, saindo logo de casa a pretexto de resolver negócios.

---

50. Francisco Cândido Xavier e Espírito André Luiz, *Nos domínios da mediunidade*, cap. 14, p. 67.

Tratava-se de um típico homem machista, que a tudo provia dentro de casa e, com isso, julgava estar quites com seu papel no lar, e havia se apaixonado e se deixado envolver com outra mulher.

Logo ao sair, a esposa ficou enciumada e desconfiada, na certeza de que se tratava de uma terceira pessoa. Permaneceu na cozinha a meditar e os Espíritos ali presentes para socorrer o casal assistiram e descreveram a cena de dominação telepática que se desdobrou diante deles:

> Enquanto as reflexões dela se faziam audíveis para nós, irradiando-se na sala estreita, vimos de novo a mesma figura de mulher que surgira à frente de Jovino, aparecendo e reaparecendo ao redor da esposa triste, como que a fustigar-lhe o coração com invisíveis estiletes de angústia, porque Anésia acusava agora indefinível mal-estar.
>
> Não via com os olhos a estranha e indesejável visita, no entanto, assinalava-lhe a presença em forma de incoercível tribulação mental. De inesperado, passou da meditação pacífica a tempestuosos pensamentos.
>
> "Lembro-me dela, sim" – refletia agora em franco desespero – "Conheço-a! É uma boneca de perversidade... Há muito tempo vem sendo um veículo de perturbação para a nossa casa. Jovino está modificado... Abandona-nos, pouco a pouco. Parece detestar até mesmo a oração... Ah! Que horrível criatura uma adversária qual essa, que se imiscui em nossa existência à maneira da víbora traiçoeira! Se eu pudesse haveria de esmagá-la com os meus pés, mas hoje guardo uma fé religiosa que me forra o coração contra a violência..."

À medida, porém, que Anésia monologava intimamente em termos de revide, a imagem projetada de longe abeirava-se dela com maior intensidade, como que a corporificar-se no ambiente para infundir-lhe mais amplo mal-estar.

A mulher que empolgava o Espírito de Jovino ali surgia agora visivelmente materializada aos nossos olhos. E as duas, assumindo a posição de francas inimigas, passaram à contenda mental.

Lembranças amargas, palavras duras, recíprocas acusações. A esposa atormentada passou a sentir desagradáveis sensações orgânicas. O sangue afluía-lhe com abundância à cabeça, impondo-lhe aflitiva tensão cerebral. Quanto mais se lhe dilatavam os pensamentos de revolta e amargura, mais se lhe avultava o desequilíbrio físico.[51]

O ciúme de Anésia, nesse caso, era fundamentado, e sua percepção aguçada, aliada à conexão magnética naquele triângulo amoroso, fazia com que ficasse sob o assédio de forças que a sucumbiam. Não se tratava aí de aspectos psicológicos ou sistêmicos específicos de Anésia, e sim de vínculos magnéticos e percepções justas, derivadas da prova difícil de reencontro espiritual e reajuste que o casal passava, em virtude de débitos comuns. André Luiz e sua equipe socorreram espiritualmente Anésia diante do desequilíbrio físico e energético, e o mentor explicou o processo:

---

51. Francisco Cândido Xavier e Espírito André Luiz, *Nos domínios da mediunidade*, cap. 19, p. 94.

Efetivado o reajustamento relativo de Anésia e percebendo-nos a curiosidade, o Assistente esclareceu:

— Jovino permanece atualmente sob imperiosa dominação telepática, a que se rendeu facilmente, e, considerando-se que marido e mulher respiram em regime de influência mútua, a atuação que o nosso amigo vem sofrendo envolve Anésia, atingindo-a de modo lastimável, porquanto a pobrezinha não tem sabido imunizar-se, com os benefícios do perdão incondicional.

Hilário, intrigado, perguntou:

— Examinamos, porém, um fenômeno comum?

— Intensamente generalizado. É a influenciação de almas encarnadas entre si que às vezes alcança o clima de perigosa obsessão. Milhões de lares podem ser comparados a trincheiras de luta, em que pensamentos guerreiam pensamentos, assumindo as mais diversas formas de angústias e repulsão.[52]

Percebamos, assim, que a descrição do que Joan Garriga percebeu pode muito bem referir-se a uma situação como essa. Aliás, via de regra, as questões psicológicas, sistêmicas e espirituais se mesclam em uma só realidade, embora sejam estudadas por ciências específicas.

No entanto, mais que o diagnóstico, é justo que conheçamos também o remédio.

Na sequência da narrativa, André Luiz desdobra Anésia, retirando-a do corpo físico através do sono para, então, socorrê-la efetivamente. Atraída pelos laços magnéticos do esposo, que a ela se vincula, vai ter com ele que, àquela

---

52. Ibidem.

hora, se encontrava com a amante em um clube noturno. Ao vê-los, sofre um terrível choque:

Ao defrontar o companheiro na posição em que se achava, Anésia desferiu doloroso grito e caiu em pranto.

Seguida por nós, recuou ferida de aflição e assombro e tão logo nos vimos na via pública, bafejados pelo ar leve da noite, o Assistente abraçou-a, paternal.

Notando-a mais senhora de si, embora o sofrimento lhe transfigurasse o rosto, falou-lhe com extremado carinho:

— Minha irmã, recomponha-se. Você orou, pedindo assistência espiritual, e aqui estamos, trazendo-lhe solidariedade. Reanime-se! Não perca a esperança!...

— Esperança? – clamou a pobre criatura em lágrimas. – Fui traída, miseravelmente traída...

E o entendimento, entre os dois, prosseguiu comovente e expressivo.

— Traída por quem?

— Por meu esposo, que falhou aos compromissos do casamento.

— Mas você admite, porventura, que o casamento seja uma simples excursão no jardim da carne? Supôs que o matrimônio terrestre fosse apenas a música da ilusão a eternizar-se no tempo? Minha amiga, o lar é uma escola em que as almas se reaproximam para o serviço da sua própria regeneração, com vistas ao aprimoramento que nos cabe apresentar de futuro. Você ignora que no educandário há professores e alunos? Desconhece que os melhores devem ajudar aos menos bons?

A interlocutora, chamada a brios, sustou a lamentação. Ainda assim, após fitar o nosso orientador com entranhada confiança, alegou, triste:

— Mas Jovino...

Áulus, porém, cortou-lhe a frase, acrescentando:

— Esquece-se de que seu esposo precisa muito mais agora de seu entendimento e carinho? Nem sempre a mulher poderá ver no companheiro o homem amado com ternura, mas sim um filho espiritual necessitado de compreensão e sacrifício para soerguer-se, como também nem sempre o homem conseguirá contemplar na esposa a flor de seus primeiros sonhos, mas sim uma filha do coração, a requisitar-lhe tolerância e bondade, a fim de que se transfira da sombra para a luz. Anésia, o amor não é tão-somente a ventura rósea e doce do sexo perfeitamente atendido. É uma luz que brilha mais alto. Inspirando a coragem da renúncia e do perdão incondicionais, em favor do ser e dos seres que nós amamos. Jovino é uma planta que o Senhor lhe confiou às mãos de jardineira. É compreensível que a planta seja assaltada pelos parasitas ou pelos vermes da morte, todavia, nada há a recear se a jardineira esta vigilante.[53]

Os benfeitores conclamavam a mulher ao perdão e ao cuidado da relação, para que o marido pudesse se reconectar consigo mesmo e com seu compromisso na relação de casal. Vejam que há instantes da relação em que a função maternal ou parental é necessária, até que o reequilíbrio seja refeito. Não era momento de enciumar-se simplesmente, e sim de cuidar da relação, acolhendo a sombra do outro e ofertando o melhor para que eles se reconectassem.

---

[53]. Francisco Cândido Xavier e Espírito André Luiz, *Nos domínios da mediunidade*, cap. 19, pp. 98–99.

AUTOBOICOTE

Quem trai, trai primeiramente a si mesmo e ao seu próprio projeto de comunhão afetiva e profunda com alguém. A traição é um alçapão que demonstra, ou que aquela pessoa já está fora daquele relacionamento, ou que deseja sair, mesmo que não o reconheça.

Mesmo aqueles que acham que traem porque têm direito, por serem homens, porque o sexo está, para eles, banalizado e tratado como algo desconectado do afeto, ou como uma necessidade orgânica, vivem pulsões de morte inconscientes. Movem-se em direção ao fracasso, sem perceber que puxam o próprio tapete, não só porque colherão os frutos de cada escolha e decisão, mas, sobretudo, porque se movem por impulsos e vínculos profundos na alma, dos quais não têm consciência. São conduzidos pela forças sistêmicas ou por forças espirituais que a eles se lhes associam, sem o perceber, movendo-se em direção ao menos.

Seus filhos provavelmente os seguirão, e vivenciarão o mesmo destino, caso a postura não mude e o cenário sistêmico não seja alterado.

Então, a traição, antes de ser algo que se faz contra o outro, é algo que se realiza contra si mesmo e aquilo de maior ou de mais alto que os guia. Bert Hellinger ensina:

> Diz-se, por exemplo, em relação à fidelidade: "Você deve ser fiel a mim" ou "Devo ser fiel a você." Isso não é verdade: devo ser fiel ao que é maior e que guia a mim e a você.
>
> Com a exigência por fidelidade, muitas vezes fazemos do outro nosso prisioneiro. Nós o vinculamos a nós mesmos ao invés de vinculá-lo a algo maior.

Quando o que é maior permanece no foco, a relação permanece confiável. Ela permanece confiável em profundidade, haja o que houver. É essa a grande diferença.

Quando o que é maior permanece no foco, a pessoa busca amparo para compreender e controlar seus desejos, elaborar suas insatisfações, fortalecer-se no ideal maior e haurir força e inspiração para a resolução do que seja necessário.
Afinal, todos somos seres de desejo, e desejar não pertence à vontade consciente da pessoa, mas o que é feito com o desejo, sim. Se ele é convertido em sedução, e esta em oportunidade, é uma decisão e responsabilidade de cada um.
As decisões íntimas devem ser dirigidas pelos ideais superiores e nobres da alma, sem os quais todos falimos nas melhores intenções de autocontrole e construção de uma relação a dois honesta e respeitosa. Emmanuel comenta e recomenda prudência e vigilância:

> [...] a ligação sexual entre dois seres na Terra envolve a obrigação de proteger a tranquilidade e o equilíbrio de alguém que, no caso, é o parceiro ou a parceira da experiência "a dois", e, muito comumente, os "dois" se transfiguram em outros mais, na pessoa dos filhos e demais descendentes.
> Urge, desse modo, evitar arrastamentos no terreno da aventura, em matéria de sexo, para que a desordem nos ajustes propostos ou aceitos não venha a romper a segurança daquele ou daquela que tomamos sob nossa assistência

e cuidado, com reflexos destrutivos sobre todo o grupo, em que nos arraigamos através da afinidade.[54]

OBSESSÃO ESPIRITUAL

N**aturalmente, na gênese das experiências de traição** afetiva, não podemos desconsiderar as obsessões espirituais e o assédio de Espíritos que a nós se vinculam por laços de afeto e débito do passado, e que promovem pressão psíquica e afetiva frequente para que vivenciemos relações fortuitas e descompromissadas, sobretudo quando sentem ciúmes das relações atuais que experimentamos.

Muitos triângulos amorosos são desfeitos com a reencarnação de dois dos envolvidos, em nova experiência amorosa, sendo que uma das pessoas permanece na realidade astral, aguardando a oportunidade de reencarnar – muitas vezes como filho ou filha daquele casal, o que favorece depois a pressão interna para a inversão de ordem com os pais – ou exercendo o assédio que deseja afastar o casal, por ciúme, possessividade ou despeito.

No entanto, toda obsessão sustenta-se nos ganchos psíquicos e afetivos que disponibilizamos na intimidade. Olhar para as posturas e os vínculos sistêmicos que em nós atua pode promover libertação em todos os níveis.

---

54. Francisco Cândido Xavier e Espírito Emmanuel, *Vida e sexo*, cap. 20.

A árvore produz porque enraíza-se humildemente no solo que lhe acolheu a semente, desenvolvendo-a, sustentando-a e nutrindo-a. Na experiência humana, o solo são os pais, seu amor e grandeza os nutrientes. Quando o filho se permite beber dessa fonte de infinito amor incondicional, sem julgamento e sem críticas, recebendo humildemente a força que lhe é transmitida, do jeito que ela é ou que pôde ser, encontra sustento e vigor na seiva da honra e da ordem, para produzir o que de melhor tenha para passar adiante, no amor a dois. E assim segue a vida com leveza e liberdade...

Separações conjugais e reatamentos

Partindo do princípio de que não existem uniões conjugais ao acaso, o divórcio, a rigor, não deve ser facilitado entre as criaturas. É aí, nos laços matrimoniais definidos nas leis do mundo, que se operam burilamentos e reconciliações endereçados à precisa sublimação da alma. [...]
Efetivamente, ensinou Jesus: "Não separeis o que Deus ajuntou", e não nos cabe interferir na vida de cônjuge algum, no intuito de arredá-lo da obrigação a que se confiou. Ocorre, porém, que se não nos cabe separar aqueles que as Leis de Deus reuniu para determinados fins, são eles mesmos, os amigos que se enlaçaram pelos vínculos do casamento, que desejam a separação entre si, tocando-nos unicamente a obrigação de respeitar-lhes a livre escolha sem ferir-lhes a decisão.
— Emmanuel[55]

Sem dúvida o casamento é um instituto sagrado de crescimento e aprendizado do amor, e não nos cabe

---
55. Francisco Cândido Xavier e Espírito Emmanuel, *Vida e sexo*, cap. 8.

induzir ninguém ao divórcio. Aliás, em matéria de relacionamento, todos devem ter muito cuidado ao opinar. Costumamos projetar a nós mesmos na experiência do outro e dar-lhes ordens ou regras de conduta, sem conhecer-lhes verdadeiramente o relacionamento, o planejamento espiritual ou as forças sistêmicas que ali atuam. Há que se ter respeito por cada casal. Somente cada um sabe os limites de si mesmo, de seu amor e de suas forças.

No entanto, há momentos em que o casal decide ou necessita seguir separados, seja porque um ciclo chegou ao fim, porque a convivência não é mais saudável ou porque os objetivos de ambos se distanciaram a tal ponto que não mais olham juntos e com alegria na mesma direção.

Quando algo se esgota é preciso, inicialmente, ver se se trata de um fim verdadeiro ou de uma crise passageira que requer crescimento e readaptação. Há casais que separam e reatam com enorme facilidade.

Então, quando é que se sabe que se chegou ao fim de uma relação e qual a melhor forma de se realizar uma separação?

Para a primeira questão não há uma resposta pronta, padrão, embora possamos fazer algumas ilações a respeito. Uma relação termina quando acaba a alegria da convivência e o prazer da partilha, ainda que o casal continue casado e coabitando. Muitas pessoas se recusam à separação de corpos porque julgam não dar conta, porque os filhos são pequenos e necessitam dos pais, porque a saída de casa envolveria uma perda financeira significativa, dentre muitos outros motivos.

Uma relação também termina quando termina o respeito entre o casal. Aí o amor adoece. Se o casal consegue coabitar e se respeitar, aí existe amor. Talvez a relação homem e mulher não seja mais possível, porém a relação continua conscientemente amorosa. Também aqueles que se desrespeitam se amam, porém não reconhecem o amor e amam no mais profundo, em silêncio, sem admitir. Por amor um casal pode brigar durante anos, sem aceitar se afastar, ou pode ainda se processar longo tempo, só para não se desvincular. Os motivos superficiais são os mais variados: porque me sinto injustiçado, porque fui prejudicada, porque não quero deixar tudo para ele, porque ela não vai usar meu dinheiro etc. No entanto, no mais profundo, não se desvinculam porque se amam e se necessitam, ainda que seja na relação adoecida do maltrato. Uma boa solução, nesse caso, seria reconhecer que tudo que se faz é por amor...

Também a relação chega ao término quando, apesar de se amarem, caminham para horizontes distintos, em velocidades que não se coadunam nem se acompanham. Há casais que se separam gostando profundamente um do outro, no entanto um quer fazer doutorado em Paris enquanto o outro deseja cuidar da família consanguínea... objetivos distintos, metas distanciadas, impossibilitando o encontro.

Já a segunda pergunta tem parâmetros mais objetivos. Bert Hellinger comenta sobre isso:

> Qual é a forma melhor e mais saudável de terminar um relacionamento?
>
> Bert Hellinger – Esta é uma pergunta importante. Tenho para isso um procedimento modelo. O primeiro ponto seria

não procurar pela culpa, como se algo fosse depender da boa ou má vontade de cada um. [...]

O luto possibilita a separação, simplesmente a dor de não terem conseguido possibilita a separação. Então não existem mais acusações, apenas dor. Através da dor podem se separar, mas podem se encontrar mais uma vez e se olhar nos olhos. Então o homem diz à mulher: "Eu amei você muito e você me deu muito. Mantenho isso com amor e respeito. Também dei muito e você pode mantê-lo e respeitá-lo e lembrar disso com amor." Depois o homem diz à mulher e a mulher ao homem: "Assumo a minha parte da responsabilidade por aquilo que não deu certo entre nós dois e deixo você com a sua parte. E agora deixo você em paz." Este é um modelo para uma separação amorosa.

Um relacionamento tem fim quando, apesar da dor, cada um assume o que lhe cabe, sem vitimismo. Quem permanece magoado permanece vinculado. A mágoa sustenta o vínculo de forma adoecida, ali o amor fica preso e não segue adiante.

Para uma boa separação há que haver responsabilização. Bert acrescenta:

Chega-se a uma boa separação quando os parceiros dizem um ao outro: "Eu o amei muito. Tudo o que lhe dei, dei com prazer. Você me deu muito e eu o honro. Por aquilo que não deu certo em nosso relacionamento assumo uma parte da culpa e deixo a sua parte aos seus cuidados. E agora o deixo em paz". Assim se separam e cada um segue o seu caminho.

Quem olha para o parceiro com gratidão retém dele o melhor. Afinal, por que haveria de ser diferente?

Quando alguém decide sair de um relacionamento e está seguro do que faz e do que sente, deve levar consigo a gratidão por tudo de bom que ali foi vivido. Assim, pode nutrir em si aquele amor e dar lugar para um novo movimento na vida.

É muito importante observar se o movimento de saída de uma relação representa realmente que aquela relação terminou ou apenas um movimento de manipulação emocional do outro, em atitude infantil. Há pessoas que cresceram com os pais as punindo através do silêncio, ignorando-as quando faziam algo errado e deixando o afeto indisponível. Estas, ao crescerem, facilmente reproduzirão o padrão em seus relacionamentos, retirando-se quando enfrentarem decepções ou tentando manipular o outro através do gelo afetivo.

Quando alguém pede o divórcio, está olhando para o que suporta, deseja e precisa no coração. As pessoas têm o direito de não desejarem seguir os mesmos sonhos ou os mesmos caminhos com os outros. Também têm o direito de ir na direção que o seu coração aponta, ainda que isso represente uma mudança nos planos pré-estabelecidos e acordados entre o casal. Se isso representa um movimento de vida ou de morte, para o outro, pertence a ele. Feito tudo o que se sente que era possível para cuidar do casal e da relação, se ainda assim o outro insiste que para ele terminou, é preciso respeitar e aceitar. A não aceitação é manifestação de rebeldia que conduz apenas à depressão.

Pode ser que aquele casal tenha terminado um ciclo e que após algum tempo seja possível uma nova tentativa.

De toda forma, o ciclo atual terminou. Só quem deixa o velho morrer pode conhecer o novo que vem. Só quando a semente aceita perecer é que o broto pode vir. Há etapas da vida que requerem de cada um solidão e tempo para maturar sentimentos e vivências.

LUTO

Q**uando uma relação termina, seja por iniciativa própria do outro ou do casal,** ambos viverão, em diferentes intensidades, o luto da relação. Não há ganho sem perda e não há perda sem dor.

As fases do luto, bem descritas pela psiquiatra suíça, radicada nos Estados Unidos, a dra. Elisabeth Kübler-Ross, nos ajudam a compreender a enxurrada de emoções e sentimentos que acompanham uma separação até que alguém esteja pronto a realizar, na alma, o movimento de gratidão e responsabilização que Bert enunciou acima, retendo somente o que é bom.

Em todo luto as fases são: negação, raiva, barganha, tristeza e aceitação.

O primeiro processo é o de negar que aquilo esteja acontecendo. Muitas pessoas fazem vista grossa para uma separação que já está evidente ou anunciada, para não precisarem lidar com a dor que isso representa. No entanto, chega um momento em que não dá para negar, e essa é a fase da raiva, em que geralmente se quebram coisas, se fala o que não devia, por vezes se agride ou se tenta afetar o outro de alguma maneira que o prejudique. Junto desta ou logo após – pois as fases se misturam e se somam – vem a barganha, a fase das promessas, das seduções, das concessões e, por vezes, da humilhação.

Quem se humilha para manter um relacionamento atesta seu fim. Uma relação saudável só se mantém quando ambos se tratam com dignidade. Fez algo que magoou o outro? Equilibre, repare, não se humilhe. Quem se humilha rebaixa-se a si mesmo e permite que o outro pise e machuque.

Após a barganha, vem a tristeza, que a dra. Elisabeth chamou de depressão, mas que não representa a síndrome clínica psiquiátrica que afeta a milhares de pessoas, e sim uma tristeza profunda decorrente da constatação de que apesar da negação, raiva e de toda barganha, a separação é inevitável. A depressão se instala caso, após a separação, a última fase não seja alcançada: a aceitação.

Aceitação significa estar em paz com a vida e com a realidade como ela é. Representa abrir mão do controle e da exigência de que a vida deve ser como o que gostaríamos que ela fosse, e que o outro se comporte como achamos que deveria se comportar. Aceitar é estar em paz com o real.

A aceitação não implica em concordância com a atitude do outro nem de aprovação, afinal, ninguém, em uma relação de casal, está ali como juiz para concordar ou autorizar o outro que é adulto e responsável por si. Aceitar significa que, apesar de discordar ou desejar diferente, eu não brigo com a realidade e não luto contra ela, quando se mostram inúteis os esforços para reatar ou prolongar um relacionamento.

Quem encara as fases do luto e se permite passar pelo deserto, encontra o oásis da calma interior. No entanto, cada fase pode demorar mais ou menos tempo, a depender do conjunto de crenças da pessoa, do envolvimento de terceiros, como um amante, pais, irmãos, filhos, e isso é uma equação que compete a cada um solucionar. Bert Hellinger descreve um caso de separação:

PARTICIPANTE: Eu e minha mulher conhecemo-nos há oito anos. Somos casados há três anos. Contudo, estamos separados há um ano. Apaixonei-me por uma outra mulher e abandonei minha esposa. No novo relacionamento sentia-me relativamente desorientado e incapaz de construir um nova relação. Sentia-me ainda muito ligado à minha esposa. Durante um ano, ela esperou pela minha volta. Agora, vive há quase seis meses um novo relacionamento estável. Sinto, entretanto, que existe ainda um forte vínculo e gostaria de esclarecer isso.

HELLINGER: Vocês têm filhos?

PARTICIPANTE: Não.

HELLINGER: Não há nada para ser esclarecido. Cada um segue o seu caminho. O que se pode esclarecer aí? Esse abandono não tem conserto.

Basta imaginar como seria se ele voltasse agora para a sua esposa. Que chances existem? Ele permanece o pobre pecador que abandonou a sua esposa. Nunca mais poderá ser como era. Não há outra oportunidade. Quem assim se separa, não tem mais chance. Enfrenta o fim e a separação.

FILHOS

Os filhos não devem nunca ser envolvidos nos problemas de casal do homem e da mulher, que são o seu pai e a sua mãe. Os filhos desejam manter os pais sempre unidos, e muitas vezes se oferecem em sacrifício para mantê-los juntos. Aos filhos os pais devem dizer: "Isso não é problema seu, nós resolvemos sozinhos. Quando você nasceu, já éramos adultos. Continuaremos a ser sempre os seus pais e resolveremos tudo o que concerne a vocês entre nós e lhes informaremos". Assim, os filhos sentem-se autorizados a manter o amor por ambos no coração e podem ter o que necessitam, afinal, o que um filho quer é amar aos pais inteiramente e igualmente em seu coração.

REATAMENTOS

Muitas vezes, após um tempo separados e outras experiências solitárias, o casal decide reatar e tentar uma vez mais. Olham-se, agora, com outros olhos, mais amadurecidos pelo tempo e pela experiência.

O mesmo acontece com casais que se distanciaram e se separaram mesmo sem consumar o divórcio ou a separação de corpos, ou ainda namorados que se distanciaram e decidiram se unir novamente. Bert Hellinger comenta:

> Como um casal pode reaproximar-se? Através de pequenos cuidados, bem pequenos. Todo dia, apenas um cuidado, um cuidado com amor. Quando for um pouco mais, não faz mal a ninguém. Apenas um pequeno cuidado.

Verdadeiramente casado é aquele que repete o casamento várias vezes. Incluindo o ato de apaixonar-se, o noivado e o casamento. Começa com o primeiro olhar. O casamento anterior é esquecido. Começa novamente do início, bem do início.

Um novo recomeço é sempre uma nova relação. O que passou deve ser deixado para trás, e então o novo pode vir. Se o casal fica reatualizando a discussão sobre o que passou, sem aceitação do que aconteceu, então nada pode cicatrizar e as feridas se abrirão novamente gerando ainda maior dor.

Se alguém que reata um relacionamento insiste em discutir os acontecimentos passados, de forma a convencer o outro de que tinha razão ou que falhou, então deseja apenas estar certo e ter razão, e não reconciliar ou reatar. Cada opinião é apenas um ponto de vista, e este a vista de apenas um ponto. Bert Hellinger ensina que:

> Há ainda algo importante nas discussões entre um casal. Eles se acirram frequentemente por causa de opiniões diferentes. Mas todas as opiniões são erradas, inclusive a própria. Não são percepções, mas apenas opiniões. Por isso, não existe entendimento sobre opiniões. Mas sobre percepções, sobre aquilo que cada um pode observar existe um entendimento. Que o chão é preto, isso não se pode discutir. Sobre isso, não existem opiniões. Por isso dirige-se a conversação e a fala para o que é perceptível, ao invés daquilo que se pensa. Quem ganha nessa chamada "troca de ideias", perdeu. Ele perdeu o outro. Quem ganhou numa discussão, pode ser que ande por aí de peito estufado, mas perdeu o outro. A questão é se valeu a pena pagar esse preço.

Nunca vale a pena pagar o preço da solidão para ter razão. Jung dizia com propriedade: "Onde o amor impera, não há desejo de poder; e onde o poder predomina, há falta de amor. Um é a sombra do outro". Isso quer dizer que quem ganha uma discussão perde o amor. Quando o poder entra pela porta da frente, o amor sai pela porta dos fundos. Um é o oposto do outro.

Se há a necessidade de discutir, então que seja de uma vez, respeitosamente, antes de decidirem reatar. Se há equilíbrio a ser feito, então ele deve ser providenciado, de forma que ambos se sintam dignos e respeitados, em uma relação entre iguais. E, após isso, um respeitoso silêncio sobre o que se passou, deixando que tudo vire adubo de um novo tempo, de uma nova fase, mais inteira, mais madura para ambos.

> Seja o que for que tiver acontecido em um relacionamento de casal, não voltamos ao acontecido, nem mesmo em pensamentos. Isto é amor. Assim sendo, a vida nos toma com toda sua plenitude. Há tanta coisa em comum em um casal, precisamos apenas regar o que temos em comum para que isto possa brotar novamente.

Ao regarem o que os une, o casal alimenta o que os fortalece e estabelece pontes de comunhão. São essas pontes de afeto que dão a cada um a força para enfrentar as próprias carências e deficiências. Sozinhos, pouco avançamos. É através do outro que nos reconhecemos, que somos confrontados e estimulados na autoconquista e na autossuperação.

Bert nos ensina a sermos compassivos e humanos em uma relacionamento de casal, o mesmo ensino dado pela filosofia cristã. Sem tolerância e aceitação, sem humanidade e acolhimento, não há amor. Ele comenta:

> Um grande obstáculo em um relacionamento de um casal é a fantasia da perfeição, a exigência de que o outro deve ser perfeito ou de que eu mesmo devo ser perfeito.
>
> O amor dá certo quando um concede ao outro o direito de, no mínimo, dez pecados, ou seja, quando simplesmente não se dá importância a esses dez pecados. Isso faz parte. Cada lado tem o direito de, no mínimo, dez pecados. Quando os parceiros se concedem esse direito, o casal adquire uma certa liberdade.
>
> Se acontecer algo que não achamos bom em nós mesmos ou no outro, podemos dizer a nós ou a ele: "Este agora foi um dos pecados". E então o pecado é, por assim dizer, desconsiderado.
>
> O que estou dizendo aqui é humano. A perfeição é desumana. Pessoas perfeitas existem apenas com muita hipocrisia. O comum é imperfeito, com erros e culpa.

Há na intimidade humana um conflito permanente entre o ego e a essência, o *self*. O ego espera reconhecimento, a essência vibra gratidão. O ego exige afeto, a essência disponibiliza-o. O ego espera acolhimento, a essência acolhe com generosidade. O ego é a casca, a essência o conteúdo.

A angústia é o grito do ego. A intuição serena, a voz da essência. O ego impõe-se, a essência conquista. Escravizar-se ao ego é superficialidade, desconsiderá-lo, ignorância. O *self* – núcleo divino – sustenta a vida, o ego a protege e preserva. A essência reside no mais profundo, onde só se alcança com o coração!

Perdão e reconciliação

8

Aquela senhora entrou no consultório com olhar cansado e sofrido, de quem tinha pouca esperança. Sentou-se com elegância, e anunciou:
— Eu vim aqui pedir ajuda para compreender minha vida afetiva. Nada vai adiante.

O terapeuta solicitou que ela descrevesse, então, um pouco de sua vida, o que ela fez com facilidade:
— Vivi um único casamento, de 15 anos, que me era muito satisfatório. Aí meu marido me traiu, resolveu formar outra família e fiquei muito magoada, mas segui adiante. Desde então, tive alguns relacionamentos fugazes, sem que nenhum tenha ficado por tempo significativo. Sinto uma grande solidão.

— Posso ver que a senhora continua fiel a ele – disse o terapeuta.

— Fiel àquele homem? Nunca. Não quero nada com ele.

O terapeuta, então, continuou a questioná-la e iniciaram o seguinte diálogo:

— Há algum fruto destes 15 anos? – ao que ela respondeu:

— Sim, muitos. Foram intensos 15 anos, e deste relacionamento há três filhos.
— Estes anos, foram bons?
— Sim, maravilhosos. Cheios de altos e baixos, e no final já estávamos meio estremecidos, porém era bom.
— E estes filhos, são a sua alegria hoje?
— Sim, eles são o meu grande tesouro e minha grande alegria.
— Deixe-me ver se entendi – afirmou o terapeuta. – Foi seu primeiro e único casamento, que durou 15 bons anos, nos quais viveram muitas coisas boas, em altos e baixos comuns aos relacionamentos afetivos, estavam meio estremecidos – em sua opinião – quando houve algo que a senhora interpreta como uma traição, que a magoou, e ele então decidiu sair do relacionamento e formar uma nova família. Desde então sua vida afetiva não flui – resumiu. - É isto, entendi bem? – questionou ele.
— Sim – respondeu ela.
— E há quantos isto aconteceu?
— Há vinte anos!
— Bem – afirmou ele –, eu compreendi muito bem o que magoou a senhora, afinal de contas sempre que alguém se decepciona e se frustra em um relacionamento aparece a raiva e com ela a mágoa. No entanto, o que não compreendi é por que a senhora jogou fora os 15 bons anos de relacionamento para guardar no coração apenas o momento da decepção final nos últimos vinte anos? Só posso compreender que isso aconteça porque ele é tão importante para a senhora que a senhora se recusa a

deixá-lo ir, mantendo-o oculto e protegido sobre a mágoa, no coração.

Ela, então, chorou sentidamente. Não eram mais lágrimas de acusação, era a alma se libertando da máscara da mágoa que encobria o amor. Então, o terapeuta lhe ajudou a ver que aquele era o seu primeiro e atual amor, e que não fazia sentido nenhum esforço para extirpá-lo do coração. Ele não era um câncer que necessitava ser retirado, era um amor estrutural, o primeiro amor, e teria sempre o seu lugar naquele coração.

A cliente sorriu e suspirou, aliviada. Afirmou sentir-se extremamente bem em reconhecer que ainda o amava e que ele era tão importante para ela. Não desejava deixá-lo ir, era importante demais para o perder. Queria-o junto, no coração, embora soubesse que a relação já não era mais viável.

Reconciliação é muito mais que perdão.

O perdão ainda é um jogo de poder que se estabelece na existência de vítimas e algozes. A reconciliação é um lugar de amor no coração. Começa no perdão, mas amplia-se para além dele, em expressões de força e amor amplo.

PERDÃO

O **perdão saudável, sem arrogância, é amor à realida-** de como ela é. Se nutre da aceitação da vida e das pessoas como são e das coisas e circunstâncias como puderam ser. Nesse perdão não há jogo de poder, há liberdade e liberação.

Para perdoar é necessário olhar o outro com humanidade, como uma pessoa comum. Só os comuns erram e acertam. Quando se cobra que o outro seja especial, ele não tem chance. Quando se acha que se é especial, o outro também não tem chance. Só os especiais cultivam a mágoa para além do tempo natural do luto. Os comuns perdoam, dão novas chances, caem e levantam e, por reconhecerem isso olham para o outro com compaixão.

O perdão é uma decisão pela paz. Aquele que perdoa a si se liberta do peso da dor e da carga tóxica que traz sobre os ombros, do sentimento de vitimismo diante do ato agressor.

Bem dizia Shakespeare: "Guardar mágoa é beber veneno desejando que o outro morra".

As neurociências nos explicam que quando rememoramos algo repetidamente, como uma mágoa, um trauma ou uma experiência que nos trouxe dor e sofrimento, produzimos novamente a mesma cascata neuroquímica cerebral do evento original. Isso significa que nos autoagredimos a cada lembrança, narrativa ou evocação interior, silenciosa, de algo que nos trouxe dor. Por isso o termo ressentimento traz a ideia adequada: ressentir, sentir novamente, em atitude autopunitiva e masoquista inconsciente.

Ao ressignificar uma experiência, mudamos a interpretação ou o foco de visão, o que produz uma mudança fisiológica, orgânica e emocional profunda, capaz de trazer alívio e leveza. Cada ressignificação estimula o cérebro na construção de novos caminhos ou circuitos neurais, novas rotas de conexão e mapas mentais, com amplas repercussões.

Ressignificar e ter percepções que ampliam a visão de uma vivência, relacionamento ou fato produz um movimento de autocura e expansão consciencial, em uma atitude de autoamor e libertação interior.

Portanto, quem perdoa libera a si mesmo para a vida e, por consequência, libera o outro.

Perdão não tem a ver com justiça nem com equilíbrio. Perdão é liberação, na aceitação dos fatos, da vida e das pessoas como são e das circunstâncias como puderam ser. A partir dele é possível equilibrar as relações na reparação justa necessária.

> O perdão que reunifica é silencioso. Ele não é expresso em palavras, mas sim exercitado. No fundo, nada mais é do que tolerância. O perdão desconsidera um erro, uma injustiça, uma culpa, esquecendo-os. Dessa maneira, o erro, a injustiça e a culpa não trazem consequências nefastas para o relacionamento, muito pelo contrário.
>
> Através da silenciosa tolerância, o relacionamento torna-se mais profundo. Cresce a confiança mútua, principalmente da parte daquele que experimentou a tolerância. Isso permite que ele também desconsidere erros, injustiças e culpas dos outros, quando chegar a sua vez.

É bem diferente quando alguém diz a uma pessoa: "Eu te perdoo." Dizendo tais palavras, declara o outro culpado, colocando-se acima dele, humilhando-o. Esse perdão expresso em palavras anula a igualdade entre as pessoas, colocando em perigo a relação, ao invés de salvá-la.[56]

Ao invés de "Eu te perdoo", e "Me perdoe", o que pode soar arrogante para ambos os lados, pelo sentimento de superioridade que é atribuído a quem deve perdoar, é mais útil e proveitoso dizer "Eu te libero" quando perdoamos, e "Eu sinto muito", ao pedirmos perdão.

Ao dizer "Eu te libero" estamos aceitando as coisas como foram e liberando o outro da carga de culpa que lhe atribuímos. Isso não isenta o outro da responsabilidade natural que tenha, apenas muda a qualidade da relação, pois aquele que perdoa decide olhar com um amor mais amplo para o que foi vivido e acolher a humanidade do outro, bem como a sua própria.

Efetivamente, à luz da reencarnação, quem é verdadeiramente vítima e quem é algoz? Quem está hoje vítima, ontem foi algoz, é algoz em outra relação ou o será amanhã. Quem está algoz hoje foi vítima ontem, é vítima em outra relação ou o será amanhã, no círculo da vida, onde cada um colhe o que planta. À luz da reencarnação, somos todos vítimas, todos algozes.

Ao dizer "Eu sinto muito", ao pedir perdão, isentamos o outro da carga de ter que nos perdoar quando já o ferimos, o que seria abuso de nossa parte. Quem sente é que é

---

[56]. Bert Hellinger, *A paz começa na alma*.

responsável pelo que sente. Se eu sinto muito, então é minha responsabilidade fazer algo com o que sinto e reparar o que lhe devo, pacificando a mim mesmo e a nossa relação.

RECONCILIAÇÃO

Como dissemos anteriormente, reconciliação é um passo além do perdão. Muitos entendem reconciliação como reatar relacionamentos, no entanto, tais conceitos não são sinônimos. Reatar relacionamentos depende de várias circunstâncias que envolvem não só dois indivíduos, mas também, por vezes, famílias inteiras.

Reconciliação, na linguagem sistêmica, representa um lugar de amor no coração. Um olhar para o que de bom existiu no relacionamento e a herança positiva que ele deixou, tanto na lembrança quanto nos seus efeitos diretos e indiretos.

Reconciliar é integrar opostos, incluir os excluídos, acolher os execrados e os impuros. Reconciliar é olhar com amor para tudo e para todos que fazem parte de nossa família ou que passaram e estão em nossa vida, recebendo-os com afeto no coração.

O coração é grande, tem lugares de amor para muita gente. Não lota nunca.

Quando falamos de reconciliação nas relações afetivas, estamos falando de um lugar de amor para todos aqueles que já dividiram conosco o palco da história afetiva e que contribuíram para que sejamos o que somos hoje. Isso começa, naturalmente, com nossos pais e irmãos, avós e família consanguínea direta. Depois se estende para os amigos mais especiais e que fizeram parte do amor juvenil, estruturante. Eles não pertencem ao sistema, mas pertencem ao coração e a uma fase importantíssima do desenvolvimento. E então vêm os amores das relações afetivo-sexuais, aqueles com os quais dividimos a vida, até hoje.

Como já pudemos ver, não existem ex-parceiros(as), ex-marido ou ex-esposa. O que existe é o primeiro amor, o segundo amor, o terceiro amor e assim por diante. Não importa se uma pessoa tem 25 amores, nenhum que veio depois ocupa o lugar daqueles que vieram antes.

Acontece, porém, que frequentemente desejamos seguir adiante nos relacionamentos afetivos excluindo os primeiros amores. Quando um novo relacionamento começa, se os parceiros não estão maduros, exigem que não se toque no nome de ex-parceiros(as) ou nos fatos de relacionamentos anteriores. Muitos chegam a dizer que sentem ciúmes da vida afetiva pregressa de quem dizem amar, como se aquela pessoa pudesse ter chegado até ali sem as experiências bem e malsucedidas que a constituíram. Quem exige que o passado seja excluído, colabora para que o amor do outro fique preso nos relacionamentos anteriores, pois é isso que observamos na constelação familiar.

Quando algum relacionamento importante é excluído, o amor fica preso ali e não flui para novos relacionamentos. A pessoa até estabelece novas relações, mas elas não seguem para o êxito, e frequentemente se observa brigas e implicâncias sem causa objetiva, movidas por uma força interior desconhecida.

A solução está em dar um lugar de gratidão e amor para todos que vieram antes no coração, reconhecendo inicialmente que são amores, e depois a ordem que ocupam no sistema, se o primeiro, o segundo etc.

Quanto à nossa postura perante os amores anteriores daqueles que amamos, esta deve ser de respeito e gratidão. Gratidão, pois se aquele relacionamento não tivesse terminado, não estaríamos vivenciando a alegria do relacionamento atual. Também ajuda não fortalecer no outro o sentimento de crítica e julgamento que o(a) leva a excluir os amores anteriores. Muito antes pelo contrário. Ajudar a pessoa a olhar com amor para o que de bom foi vivido fortalece a liberdade daquela pessoa para viver um novo amor, e também auxilia para que a pessoa amada tenha a mesma postura, agora, para conosco, focando no que está cheio e não no que é ainda vazio.

Essas são posturas que auxiliam e movem em direção ao mais: reconhecimento, respeito, silêncio diante das experiências pregressas do outro, que não nos pertencem, e gratidão.

RECONCILIAÇÃO CONSIGO MESMO

Só reconcilia-se com o outro aquele que reconcilia-se consigo mesmo.

Reconciliar-se consigo mesmo é tarefa de amor que cabe a cada um executar sem demora.

Somente amamos a nós mesmos quando amamos em nós a misturinha do papai e da mamãe, que nos faz singulares na vida. Quem acolhe em si o que é cheio nos pais, aprende a olhar com valor para si mesmo e para o outro, com compaixão.

Quando acolhemos a nossa sombra pessoal e olhamos para os vínculos de amor que há em nós, e a partir de nós em direção aos membros de nosso sistema, e também o amor deles por nós, como é humano, comum, imperfeito e suficiente, podemos vislumbrar o alívio e a solução de conflitos e experienciar a paz.

Quem está em paz consigo constrói paz na relação com os outros e, especialmente, com aqueles que ama.

Os casais felizes não precisam ser ricos financeiramente, ou fazer as viagens mais exuberantes, muito menos frequentar semanalmente as baladas da moda.

Eles são felizes exatamente com aquilo que têm. Seja pão com ovo e tomate ou vinho com macarrão ao funghi, não existe uma fórmula secreta. Existem sim duas pessoas que se amam, com disposição de sobra para fazer dar certo, e que transformam qualquer cilada em um programa superdivertido.

O segredo dos casais felizes é justamente a paciência, a leveza, a tranquilidade, e, acima de tudo, a vontade. A felicidade mora no colo durante o filme, no abraço, depois de um dia agitado de trabalho, na mensagem de bom dia naquela segunda-feira chuvosa, no amor simples e puro como deve ser.

— Pedro Bial

Amor homoafetivo

9

> "Eu não acredito que seja capaz de conseguir um relacionamento", afirmou uma jovem recém-formada em arquitetura, ao procurar ajuda, pela primeira vez, com certa angústia.

Estava vivendo um momento singular da vida, o da formação profissional, que culminava com o início da vida adulta independente e também com a saída da casa dos seus pais. Ao invés de sentir eufórica, estava temerosa.

Contou ao terapeuta, então, a sua história: ela era a quarta de cinco filhos, de uma família classe média. A mãe era artesã; o pai, engenheiro mecânico.

Desde pequena havia percebido um interesse maior pelas mulheres, de forma especial. Ao chegar à adolescência, notou que não se interessava por homens, como as colegas. Achou que fosse da idade e que passaria. Não passou. Seu desinteresse se intensificou ao longo dos anos, a ponto de ela achar que tinha algum distúrbio, algum problema que a fizesse diferente.

Notava sua orientação homossexual, porém sentia enorme angústia só de pensar em se tornar uma "sapatona", como dizia. Os pais, sem instrução na área, eram amorosos, porém ignorantes na temática sexual para ajudar a filha a compreender o que se passava. Não havia mesmo muita liberdade para se falar sobre aquilo.

O pai, machista, tratava as mulheres com a certeza de que as preparava para o casamento. Assim, logo lhe foi apresentado um pretendente. Não viu nada de interessante no rapaz, mas enxergou nele a tábua de salvação. Haveria de estabelecer um relacionamento e tudo mudaria. Permitiu-se, então, ser cortejada e iniciar um namoro que aos pouco foi se aprofundando. Quando entrou na universidade, já estavam juntos havia três anos.

Próximo de se formar, começaram as pressões para o casamento. Naquela época, ela já estava deprimida. Passara tempo demais se obrigando a assumir um papel que não lhe pertencia e ao qual não se adaptava. Com dois anos de namoro percebeu, com clareza, que todos seus esforços foram em vão. Não conseguia heterossexualizar-se como desejava, nem se sentia à vontade nos papéis que estabelecera. A comunhão sexual com o parceiro era fria e a relação distante. Aguentou mais um ano e, então, tomou coragem e decidiu terminar.

Foi um cataclismo familiar, pois ninguém percebia o que ela vivia no deserto solitário de seus conflitos interiores, sob o sol escaldante da culpa e do medo. Todos a condenaram e tentaram intervir para que os dois reatassem, afinal, queriam ver a única irmã e filha casada. Isso aconteceu um ano antes de ela buscar ajuda profissional.

Havia lido muito a respeito da homoafetividade e pouco a pouco ganhava coragem para enfrentar a sociedade.

A primeira a saber foi a mãe, que ficou chocada, porém lhe disse: "Você é minha filha e vou te amar de qualquer maneira". Ficou muito triste, porém afiançou a ela amparo e parceria. Já o pai, cortou relações. Falou coisas duras que ela não gosta nem de lembrar e não conversa com ela há um ano.

Ela agora iniciaria nova fase de vida. Em si conjugava-se a consciência culpada, o medo da exclusão familiar, o temor do futuro e a descrença quanto à possibilidade de ser feliz em um relacionamento.

Porém, conhecera uma colega de faculdade que se revelara também homossexual, e estavam se aproximando. Estava apaixonada e buscava ajuda para enfrentar seus monstros internos e a sociedade, com autoconhecimento e autoamor, a fim de viver o seu melhor nessa nova fase.

"Quero ser muito feliz", disse, com brilho nos olhos. "E nesse momento, minha alegria tem nome e sobrenome", ela sorriu, envergonhada.

Imagine uma sociedade em que por mais de 200 anos:

- Os heterossexuais fossem proibidos de ter qualquer tipo de relacionamento de amor romântico e de casarem.
- Suas relações sexuais fossem ilegais e passíveis de punição por prisão ou morte.
- Tivessem negado emprego ou fossem meramente despedidos por serem heterossexuais.
- Fossem excluídos de suas famílias, grupos de pares e comunidades religiosas se a sua heterossexualidade fosse conhecida.

Se considerarmos o cenário citado acima, de que forma as relações heterossexuais estariam agora? De que forma estaria a sociedade inteira agora?[57]

Esta tem sido a realidade social das relações homossexuais nos últimos séculos, que tem sido modificada substancialmente em vários países, graças à luta pelos direitos de igualdade.

Graças à criminalização da homossexualidade, na Inglaterra vitoriana, Oscar Wilde foi preso por se relacionar com o filho de um lorde. Preso por amar, limitado em sua liberdade por sentir-se emocional-afetiva e sexualmente atraído por alguém do mesmo sexo.

---

[57]. Robert-Jay Green. In: Froma Walsh, *Processos normativos da família – diversidade e complexidade*, cap. 8, p. 172.

Considerada doença psiquiátrica e distúrbio psicológico por cerca de cem anos, levou muitos homossexuais a se submeterem a pseudotratamentos que grande sofrimento físico e psicológico geraram.

Hoje em dia, em meio ao avanço dos costumes, dos direitos e das oportunidades, mesmo com o casamento *gay* reconhecido em inúmeros países, ainda vemos fortemente os efeitos desse passado e a herança desse pensamento. Ainda os veremos por longos anos. Muitos homossexuais ainda continuam detrás das grades psicológicas, sofrendo o assédio de várias falsas propostas de tratamento para uma condição que é parte da natureza humana.

Muitos homossexuais levam vários anos para se aceitarem e se assumirem *gays*, e muitos, quando o fazem, também demoram um bom tempo para acreditar na possibilidade de um amor verdadeiro entre homossexuais. A homofobia internalizada (conjunto de crenças negativas a respeito da homossexualidade) é uma realidade fortemente arraigada, e muitos nem se dão conta que trazem uma série de crenças negativas e sentimentos de rejeição em relação a si mesmos e a outros.

Há homossexuais que não acreditam que possa haver fidelidade, respeito e compromisso na relação entre *gays*, reproduzindo as crenças homofóbicas da comunidade heterossexual e das visões estereotipadas.

Um dos desafios dos casais *gays* é exatamente o se aceitar e se assumir perante a sociedade, algo que os heterossexuais não experimentam, embora no passado o relacionamento interracial, entre brancos e negros, ou ainda hoje, entre classes, traga, igualmente, conflitos sociais e desafios de aceitação. Quando um dos parceiros não se assume, frequentemente impede a continuidade do relacionamento porque aquele que já se libertou das algemas da homofobia e aprendeu a se amar, não deseja limitar a sua vida e privar-se dos movimentos naturais, como o contato com a sociedade ou as famílias, pela limitação de aceitação de si mesmo e do outro.

Essa aceitação parece fácil, mas representa uma grande luta, leva muito anos e alguns nunca chegam a senti-la completamente. Aqueles que não a completam vivem na clandestinidade, em relações predominantemente sexuais, ou vivendo ocultamente a sua sexualidade, sem alarde.

Vencida essa etapa inicial de autoaceitação e desejosos de estabelecer uma relação digna que alimente o coração, as pessoas homossexuais enfrentam os mesmos desafios de um casal heterossexual. Igualmente precisam aprender a conectar-se em sua força familiar e abastecer o coração no amor dos pais a fim de não buscar no outro o que o outro não tem para dar.

Para alguns esse é um grande desafio porque as experiências de rejeição à sexualidade dos filhos (não somente a dos filhos) é muito grande, a violência física e psicológica frequente e o afastamento da família consanguínea uma realidade de muitos.

As pesquisas demonstram que as pessoas homossexuais fazem vínculos mais fortes com os amigos que com as famílias de origem, dada a rejeição familiar e o acolhimento de colegas que vivem a mesma condição e são empáticos e compassivos uns com os outros. Isso é chamado de família de eleição.

Independentemente de como os pais reagem à notícia da sexualidade dos filhos, e de aceitarem ou não essa realidade, as pessoas homossexuais podem enraizar-se na força e no amor dos pais, aprendendo a postura que as ajuda a tomar deles toda a sua grandeza, o que independe do que eles façam ou decidam.

Em primeiro lugar, é preciso calar a voz da crítica, que costuma vir fácil, visto que a ordem diz que os pais dão e os filhos recebem. Quando isso não acontece, é habitual que os pais sejam classificados como faltosos. No entanto, esse é um olhar enviesado que requer modificação. O que verdadeiramente importa para os filhos não é aquilo que os pais fizeram ou deixaram de fazer durante a infância e juventude. É o que fizeram antes disso, com absoluto êxito, ao amar aquele filho e decidir trazer-lhe ao mundo com absoluta confiança e coragem. Esse é o ponto fundamental. E isso todos os pais fizeram com louvor, pois toda pessoa viva é uma prova da grandeza do amor que a trouxe ao mundo. Isso é o essencial. Daí vem a força. O resto é detalhe. Damos muito valor aos detalhes e pouco ao essencial.

Claro que a maturidade para esse olhar requer tempo e elaboração das emoções e sentimentos causados nos conflitos iniciais na relação familiar. No entanto, ela é fundamental.

As dinâmicas sistêmicas que atuam nos casais homossexuais não diferem daquelas que atuam nos casais heterossexuais. É por esse motivo que não nos preocupamos, ao longo do livro, em diferenciar as situações citadas entre casais hetero e homossexuais, pois as dinâmicas são potencialmente as mesmas, com pequenas particularidades. Então, as reflexões ofertadas em cada capítulo se aplicam a todas as orientações sexuais, bastando mudar e adaptar o gênero de acordo com a orientação. Homens homossexuais se sentem complementados com outros homens homossexuais (e complementação dos potenciais passivos e ativos da alma se conjugam, em cada casal), bem como as mulheres homossexuais se sentem complementadas e realizadas na relação com outras mulheres homossexuais (e aqui igualmente se conjuga a complementação ativa-passiva).

Independentemente da orientação afetivo-sexual, o homem tem a sua força na conexão predominante com o pai e a mulher na conexão predominante com a mãe. Isso é um desafio frequente, pois observamos, nas atividades práticas da constelação familiar e nos atendimento individuais no consultório médico ou em constelação, que a maioria dos homens homossexuais fazem grande crítica ao pai, e as mulheres, à mãe. Os heterossexuais também, mas aqui queremos salientar que talvez o fato de ser do mesmo sexo biológico e de diferente orientação sexual dificulte um pouco mais tanto a aceitação dos pais quanto o silêncio às críticas internas dos homossexuais.

O fato é que o homem homossexual precisa ir para a esfera de influência do pai, enquanto a mulher homossexual precisa sentir a força da esfera de influência da mãe.

Quando os casais homossexuais não realizam isso individualmente, vivem, como os heterossexuais, conflitos decorrentes da desconexão ou efeitos típicos, como o do filhinho da mamãe com outro filhinho da mamãe, e a filhinha do papai com outra filhinha do papai, o que não impossibilita os relacionamentos, mas gera conflitos e desentendimentos frequentes, sobretudo de natureza emocional, nos homens, e agressiva, nas mulheres.

As pesquisas demonstram que os desafios das relações homoafetivas são os mesmos observados nos heterossexuais daquele gênero, ou seja, entre os homens homossexuais o desafio é o aprofundamento dos vínculos afetivos, como acontece com a maioria dos homens; e entre as mulheres, os conflitos na vivência das relações sexuais, como ocorre com boa parte das mulheres.

Pesquisas que comparam diretamente casais do mesmo sexo e heterossexuais revelam que eles são extremamente parecidos entre si na maioria das dimensões [o autor cita as fontes[58]]. Por exemplo, independentemente da orientação sexual dos parceiros, o mesmo grupo de fatores tende a predizer a qualidade do relacionamento e a longevidade do relacionamento em todos os tipos de casais:

1. Atribuição de mais valor à segurança, permanência, atividades compartilhadas e intimidade;
2. atribuição de menor valor a atividades separadas e autonomia pessoal;
3. maior expressividade;
4. mais gratificações intrínsecas percebidas por estar no relacionamento;
5. percepção de alternativas menos atraentes nos relacionamentos;

---

58. Kurdek, 2004; Peplau & fingerhur, 2007; Roisman, Clausell, Holland, Fortuna & Elief, 2008; Rothblum, Balsam & Solomon, 2008; Solomon, Rothblum & Balsam, 2004, 2005.

6. mais barreiras percebidas para terminar o relacionamento;
7. menos crença de que a discordância seja destrutiva;
8. maior confiança no parceiro – vendo o parceiro como confiável;
9. maior proximidade e flexibilidade;
10. melhores habilidades para solução de problemas e negociação de conflitos;
11. tomada de decisão mais compartilhada/igualitária e;
12. maior apoio social percebido por parte de fontes externas ao relacionamento.[59]

Como vemos, as ideias de que os relacionamentos são distintos se baseiam em preconceitos e desconhecimento.

Claro que há particularidades, assim como há nos relacionamentos de pessoas recasadas, de diferentes culturas, níveis sociais, níveis educacionais etc. São diferenças explicadas pelo contexto.

Casais homossexuais tendem a ter menor disparidade nos papéis de gênero, maior equilíbrio na divisão do trabalho doméstico, na renda familiar e maior flexibilidade para a tomada de decisões, segundo as pesquisas.[60] Também foi observado, sobretudo em casais de mulheres homossexuais, uma maior proximidade afetiva:

---

[59]. Robert-Jay Green. In: Froma Walsh, *Processos normativos da família – diversidade e complexidade*, cap. 8, p. 182.
[60]. Gotta *et al.*, 2011.

De modo geral foram relatados altos níveis de proximidade e flexibilidade em 79% dos casais lésbicos e 56% dos casais *gays*, mas somente 8% dos casais heterossexuais casados. Em contrapartida com os antigos estereótipos clínicos baseados na teoria de papéis de gênero tradicional, os casais lésbicos não eram caracterizados por fusão disfuncional nem os casais *gays* eram caraterizados pelo afastamento.[61]

Uma das crenças que impedem muitos homens *gays* de acreditarem em relacionamentos estáveis é a ideia de que homens *gays* são muito sexualizados e não estabelecem relações afetivas duradouras.

Essa ideia tem sido construída pelo contexto histórico em relação à homossexualidade, e é uma criação da indústria de entretenimento que estimula o consumo de pornografia e as relações sexuais livres por interesse econômico, assim como também o fazem com o meio heterossexual.

De fato, as pesquisas também demonstram que casais *gays* relatam taxas mais altas de comportamento não monogâmico e taxas mais altas de relacionamentos abertos que os casais lésbicos e heterossexuais.

Os autores especulam que isso seja resultado de diversos fatores: a probabilidade de os homens (independente da orientação) se engajarem mais em não monogamia, o que é historicamente observado (e o casal *gay* são dois homens); as penalidades legais e sociais e a falta de suporte para relações duradouras que favorecem a condição de solteiro,

---

61. Robert-Jay Green. In: Froma Walsh, *Processos normativos da família – diversidade e complexidade*, cap. 8, p. 182.

de relações ocultas, clandestinas e uma visão recreativa do sexo; e a sinceridade de homens *gays* que assumem com mais facilidade, o comportamento sexual que homens héteros, segundo os pesquisadores.[62]

Apesar desse contexto histórico e das condições sociais que dificultam os relacionamentos homoafetivos estáveis, reconhecidos e legalizados,

> as pesquisas recentes também mostram que a monogamia entre casais *gays* aumentou acentuadamente nos últimos 25 anos (Gotta *et al.*, 2011). Aproximadamente, metade dos casais *gays* relata agora que têm sido monogâmicos, com a outra metade relatando um ou mais episódios de não monogamia por parte de pelo menos um dos parceiros desde que se conheceram.[63]

Quando vemos as taxas de infidelidade das pesquisas com heterossexuais e os dados acima, percebemos que o desafio que afeta héteros e homossexuais é o mesmo: o estabelecimento de relações monogâmicas nas quais estejam inteiros, valorizados e respeitados, prezando e respeitando o outro, que sejam socialmente reconhecidos e com direitos garantidos, e aprofundando o vínculo amoroso com todo os efeitos que isso acarreta.

Quando os casais *gays* geram, seja por inseminação artificial, em outras relações heterossexuais prévias, ou por

---

62. Robert-Jay Green. In: Froma Walsh, *Processos normativos da família – diversidade e complexidade*, cap. 8, p. 183.
63. Ibidem, pp. 183-184.

barriga solidária ou de aluguel, bem como quando adotam filhos, aumenta a aceitação e o suporte social da família, bem como a aceitação social, que passa a ser, predominantemente, com outras famílias heterossexuais, dadas as circunstâncias criadas pelos filhos e seus coleguinhas.[64]

Os filhos de casais homossexuais se mostraram adaptados em todos os níveis de avaliação de saúde mental e relações com os pares, e os filhos criados por duas mães mostram-se mais adaptados em algumas pesquisas que filhos de casais heterossexuais.

Esse dado surpreendente (porque contraria o preconceito popular) levou os pesquisadores a investigar os motivos pelos quais isso se dá, e descobriram que as mães homossexuais estudadas na pesquisa dividiam melhor as atividades de cuidado com os filhos e as tarefas domésticas ou de provisão do lar, sem os estereótipos de gênero; se adaptavam mais profissionalmente, fazendo mudanças nos horários de trabalho para permanecer mais tempo com os filhos, em sistema de rodízio entre elas; assumiam publicamente sua orientação e cuidavam da proteção dos filhos em termos de bem-estar psicológico, identidade e estigmatização; revelaram que ter filho foi a melhor experiência que lhes aconteceu e fizeram a observação de que a participação no crescimento e desenvolvimento dos seus filhos era o aspecto mais gratificante da maternidade. Isso também foi relatado pelos pais *gays*.[65]

---

64. Ibidem, pp. 184-185.
65. Ibidem, pp. 186-187.

Como veremos no próximo capítulo, ter e/ou criar filhos é o coroamento do relacionamento afetivo de casal e traz um enorme sentido existencial e alimentação afetiva para os casais que o realizam, bem como gera desafios específicos e enormes dentro das dinâmicas sistêmicas.

Finalmente, é importante dizer que amor homoafetivo é apenas uma maneira de falar de um amor historicamente desprestigiado e invalidado, que tem conquistado seu espaço e respeito na atualidade. Onde há o amor amplo, entre adultos, que conduz ao crescimento, há alegria, contentamento, desenvolvimento pessoal e de casal. Afinal de contas, amor é amor, independentemente de gênero, orientação sexual, cor, credo, cultura.

UM AMOR DE DÉCADAS – PRÓXIMO DAS BODAS DE BRILHANTE (75 ANOS)

Casamentos nem sempre se desenrolam em grandes histórias de amor – e o contrário também é verdadeiro. Prova disso são as norte-americanas Alice "Nonie" Dubes, de 90 anos, e Vivian Boyack, de 91.

Juntas em um relacionamento homoafetivo há 72 anos, foi apenas em setembro de 2014 que elas conseguiram subir ao altar e dizer o mágico "sim". Isso porque até 2009 o casamento entre pessoas do mesmo sexo não era permitido em Iowa, estado em que moram.

As duas se conheceram na faculdade, no *Iowa State Teachers College*, onde estudavam para serem professoras. "Aquilo aconteceu imediatamente – se é que você me entende. É como um casamento padrão, um menino e uma menina se conhecem... bem, foi assim com a gente", contou ela ao *The Guardian*.

Mas enquanto a vida acontecia como a de qualquer casal dentro de casa, fora dela as duas eram apenas boas amigas. Longe dos grandes centros de luta pelo direito LGBT, como em Nova York ou São Francisco, Alice e Vivian viveram um amor velado, mas intenso e verdadeiro.

O casal teve seu matrimônio oficializado na *First Christian Church*, na cidade de Davenport, e provocou lágrimas até mesmo no pastor que celebrou a união. "Eu já fiz vários casamentos com pessoas jovens e, infelizmente, eu não acredito que todos tenham durado. E essas duas [Alice e Vivian] são as que não poderiam estar em um relacionamento? Elas são pessoas modelos", afirmou o pastor.

As duas, que moram hoje em uma casa de repouso, estão mais do que felizes por, enfim, poderem assumir seu amor para o mundo. "A melhor parte foi todo o carinho que nós recebemos como resposta de todas as pessoas. Foi muito bom", afirmou Vivian.[66]

---

66. Disponível em: http://www.hypeness.com.br/2015/03/a-historia-de-duas-mulheres-que-namoravam-ha-72-anos-e-finalmente-puderam-se-casar/

Atraímos para um relacionamento aquele(a) que está em sintonia com o que somos, vivemos e necessitamos. Integramos nossas luzes e sombra, buscando a complementaridade do que nos falta e a alegria da comunhão do que em nós abunda. O melhor caminho para um relacionamento pleno e inteiro é acolher em nós o que está ferido, fragmentado, incompleto, aquilo que é humano e imperfeito, com amorosidade e ternura. Quem acolhe com paciência e generosidade a própria sombra aceita com respeito e compaixão a sombra do outro, produzindo luz e calor na relação. Aí o amor é possível.

10

Filhos: continuidade do amor do casal

Os filhos são o coroamento de uma relação de casal. Neles o amor e as características do casal se perpetuam, na continuidade da vida.

Claro que um filho pode vir de uma relação fortuita ou esporádica, sem que ali haja uma relação específica de casal em curso. Quando assim é, esse acontecimento atende a planejamentos específicos de reajuste e redenção espiritual necessários, quando Espíritos afins são recebidos pelo enredamento misterioso e sábio das teias do destino que nos direcionam sem que percebamos.

No entanto, no curso de uma relação de amor de um casal, planejados ou não, os filhos representam a união daquele amor, em que metade de um e metade de outro se unem para formar um novo ser que segue com toda a força daquele sistema, como a ponta do *iceberg*. Bert Hellinger comenta:

> [...] faz parte das ordens do amor na relação entre o homem e a mulher que ambos estejam orientados em função de um terceiro, e que a sua masculinidade e sua feminilidade só se completem num filho. Pois o homem só se torna plenamente homem como pai, e a mulher só se torna plenamente mulher

como mãe. E só no filho o homem e a mulher formam indissoluvelmente uma unidade, de maneira plena e visível para todos. No entanto, seu amor ao filho como pais apenas continua e coroa seu amor como casal, porque este vem antes daquele. E, assim como as raízes nutrem a árvore, assim também seu amor como casal sustenta e nutre seu amor de pais pelo filho.[67]

Essa realidade também se aplica aos casais homoafetivos, com a diferença de que um filho gerado em barriga de aluguel, inseminação artificial, adotado ou proveniente de uma outra relação heterossexual prévia, trará em si a união de seus pais biológicos, que poderá ser um dos membros do casal ou não. Receberá o amor do casal *gay* na forma do cuidado, porém, como toda criança adotada, deverá ter os seus pais biológicos respeitados e incluídos com um lugar de amor no coração, tanto dos pais quanto da criança, a fim de que aquele filho possa ter o melhor dos dois sistemas, o biológico e o adotivo, o que dá a vida e o que a nutre e cuida de seu desenvolvimento.

Como vimos no capítulo anterior, o fato de ter filhos é reportado por casais *gays* e lésbicos como um fator de união, maior contato e integração com a família e do próprio casal, com efeitos muito positivos, junto de todo desafio que representa.

Bert Hellinger salienta, na citação acima, a precedência da relação de casal, o que é extremamente importante na ordem familiar. Os pais vieram primeiro, o casal veio primeiro. Os filhos são continuidade desse amor e, como tal, vêm depois.

É muito importante que o casal cultive esse amor de casal e tenha sempre em foco a precedência desse amor. É natural

---

67. Bert Hellinger, *No centro sentimos leveza*, p. 108.

que quando um filho nasça o casal permaneça focado no cuidado e na atenção às necessidades dele, sobretudo nos primeiros meses e no primeiro ano, nos quais ele depende dos pais para tudo, com muita frequência. Isso promove uma exaustão, devido ao excesso de atenção disponibilizada, levando o casal a ficar em segundo ou terceiro plano, bem como o instinto materno, sobretudo, se aguça na proteção e no cuidado da prole, com ênfase, deixando de lado o homem e a relação.

No entanto, passados os primeiros meses do cuidado intensivo, é necessário que o casal se cuide, reservando tempo para si e para estarem sós, cultivando o amor do qual os filhos são o coroamento. Se o casal não faz isso e coloca os filhos em primeiro plano permanente, inverte a ordem com eles e os prejudica enormemente, atribuindo a eles uma importância que não têm.

O casal veio primeiro, continua durante o cuidado dos filhos e segue junto, após a partida deles de casa, geralmente no final da adolescência. Essa relação, portanto, é prioritária e vital para ambos, quando sustentada na saúde do relacionamento, e é referência para os filhos. Bert Hellinger observa na continuidade da citação anterior, que:

> Quando o amor recíproco dos parceiros flui do fundo do coração, também flui do fundo do coração o seu amor de pais pelo filho. E, quando esmorece o amor do casal, também esmorece o amor pelo filho. Tudo o que o homem e mulher admiram e amam em si mesmos e no parceiro, também admiram e amam em seus filhos. E tudo o que os irrita e incomoda em si mesmos e no parceiro, também os irrita e incomoda no filho.
>
> Por isso, onde os pais se dão bem em sua relação conjugal, no que toca ao respeito e amor mútuo, nisso também se dão

bem em sua relação com o filho. E onde se dão mal em sua relação conjugal, nisso também se dão mal em sua relação com a criança. Porém, quando o amor dos pais pelo filho apenas continua e coroa seu amor recíproco, a criança se sente considerada, aceita, respeitada e amada por ambos os pais, sabe que está em ordem e sente-se bem.[68]

Trazendo em si o amor dos pais, igualmente distribuído em seu corpo e coração, a criança também os ama de igual maneira. Em algumas fases da vida fica mais próxima de um que de outro, nos ciclos naturais do desenvolvimento psicossexual, no entanto traz os dois igualmente considerados no coração.

Quando o casal expressa afeto um pelo outro e pelas características do parceiro ou da parceira, então a criança se sente livre para expressar o seu amor e pode ficar inteira, no coração, plena dos amores que a compõem.

Porém, quando os pais brigam ou um dos genitores transforma os filhos em aliados dos seus interesses, estes se tornam fiéis a esse genitor, e isso custa o seu amor pelo outro, no coração, o que prejudica enormemente os filhos.

Falar mal das características do pai ou da mãe ou promover a alienação parental é postura que fere diretamente os filhos por amputar-lhes o direito a um amor essencial e estruturante que os compõe. Os filhos sempre reagem a isso com sintomas como agressividade, rebeldia, transtornos emocionais, como o Transtorno de Déficit de Atenção e Hiperatividade (TDAH) e, na juventude, com o uso

---

[68]. Bert Hellinger, *No centro sentimos leveza*, p. 108.

de drogas. Particularmente o distanciamento do pai e a busca por ele, no coração, é algo que vemos como dinâmica frequente por detrás do TDAH em crianças e jovens, e do abusos de substâncias em jovens e adultos.

Bert Hellinger observou isso longamente no trabalho das constelações familiares (algo confirmado em nossa experiência pessoal com essa filosofia e ferramenta) e ensina:

> Torna-se viciado aquele a quem falta algo.
> Para ele, o vício é um substituto.
> Como curamos um vício em nós? Reencontrando aquilo que nos falta.
> Quem ou o que falta no caso de um vício?
> Geralmente é o pai. Ninguém é capaz de sentir-se inteiro e completo sem seu pai.[69]

Pode ser que o pai se retire da vida da criança e não seja presença constante, porém o mais frequente de observarmos é que esse distanciamento do pai se deve à postura da mãe que, muitas vezes, promove alienação parental porque critica o pai por não assumir o filho, por não pagar pensão, por não ser presente como gostaria ou por não seguir com ela em uma relação a dois, dentre vários outros motivos. O papel da mãe é importantíssimo nesse quesito porque, na grande maioria das vezes, é ela quem detém a guarda dos filhos e a convivência diária com eles, isto é, é ela que tem o maior poder de influência sobre eles.

---

69. Idem, *A cura*.

Independentemente de o homem assumir ou não, ser presente ou não, a mãe pode trazer o pai para a vida do filho e inseri-lo, por exemplo, em sua fala, respeitando-o e nutrindo no coração do filho o amor pelo pai.

Isso não acontece no dia a dia porque as crianças são envolvidas na disputa do homem e da mulher, quando se separam, e a alienação parental é promovida, muitas vezes com motivos "justos" que levam uma mãe a afastar as crianças do pai ou vice-versa.

Os filhos não podem ser depositário das mágoas de pai e mãe, nem pagar a conta do desentendimento do casal. Neles, os dois estão unidos, e embora as mulheres tenham a tendência de achar que os filhos a pertencem, ambos concorreram igualmente para a formação daquela vida, que a mãe nutriu. Talvez por isso, pela proximidade que a gestação promove e pelo instinto de proteção maternal, aliado ao desrespeito do feminino com o masculino – e vice-versa – as mulheres tenham a tendência de excluir os homens e achar que não são importantes ou imprescindíveis para os filhos. Mas não é assim a realidade. Os filhos amam igualmente o papai e a mamãe, e para seu bem-estar necessitam se sentir autorizados para os amar com liberdade. Bert comenta sobre o divórcio e os filhos:

> Para onde cada criança deve ir, depende somente das circunstâncias. Não existe regra fixa. Entretanto, eu me oriento pelo seguinte: as crianças devem ir para aquele que mais respeita e ama nelas o outro parceiro. Esse é um belo princípio que tudo distensiona. Quando ambos os pais respeitam e amam nas crianças o outro parceiro, as crianças ficam muito bem.

Então, a questão de para onde as crianças devam ir não será formulada dessa forma.

Se uma mulher diz: meu marido não quer as crianças, frequentemente ela não respeita o marido. Tampouco ela o respeita nas crianças. Assim que ela passa a respeitar o marido nas crianças dá-se, às vezes, uma transformação singular por parte do marido, sem que se fale sobre o assunto.[70]

É a mãe quem leva os filhos ao pai e os autoriza a amá-los, pois a primeira comunhão é com o amor materno, somente depois o filhos vão para o pai, quando a mãe o permite. E se não o permite, são eles, os filhos, que pagam as contas dessa disputa de homem e mulher, até que sejam adultos e possam resolver por si mesmos, muitas vezes depois de longo caminho de sofrimento desnecessário.

AMOR CEGO

Os filhos seguem os pais nos movimentos de amor sistêmico que percebam no campo daquela família e do casal, sem necessidade de que lhes seja contado o que acontece entre o homem e a mulher.

Muitas vezes se aliam, como já dissemos, a um dos genitores, tentando intervir na relação de casal dos pais e salvar a um deles. Ao fazê-lo, movidos pelo amor de filho, se intrometem em uma relação que não os pertence, a de homem e mulher, e, com isso, obstaculizam a própria vida.

---

[70]. Bert Hellinger, *Para que o amor dê certo*.

Esse movimento é chamado de amor cego, porque embora seja amor, é um amor de mão única, que vê apenas o sentimento dos filhos pelos pais, não enxerga o amor que existe entre os pais. Se o enxergasse, veria que eles não desejam, na alma, que aquele filho se sacrifique e ameace, no coração, o amor pelo outro genitor, ao se envolver nos conflitos de casal.

O resultado da intromissão é que os filhos se desconectam de algo muito essencial. Como as mães costumam ser quem os filhos desejam mais proteger e também as mais agredidas nos relacionamentos de casal, os filhos se aliam a elas e se voltam contra o pai, ainda que silenciosamente.

O mesmo acontece quando não se intrometem por palavras e gestos, mas ouvem a mãe falar mal do pai ou dizer aos filhos para tomarem cuidado senão ficarão iguais a ele, ou ainda quando os ameaçam caso se comportem da mesma maneira que ele. Em todos esses casos os filhos matam a conexão de respeito ao pai no coração, e com isso rompem a conexão com a sua força. O resultado, em geral, são sintomas de medo, insegurança, pânico, excessos emocionais e choros incontrolados em crianças, além dos efeitos já citados anteriormente.

Então, os pais que colocam limites nos filhos e não permitem que eles se envolvam nos conflitos de casal, amam com maior intensidade e respeito à ordem. Assim os ajudam.

METADE PAPAI, METADE MAMÃE

Os filhos são sempre a união igualitária do casal, do amor dos pais.

Neles, em cada célula de todo o seus corpos, os dois estão unidos e, ali, o seu amor está eternizado. Nada o destruirá, nada o apagará.

Quando isso é respeitado, em profundidade, as crianças podem ter o que precisam. Bert responde:

O que torna felizes as crianças?
As crianças ficam felizes quando seus pais – ambos os pais – estão felizes com elas.
E quando é que ambos os pais ficam felizes com a criança?
É quando cada um respeita e ama na criança o seu parceiro (a sua parceira) e se alegra com ele (com ela).[71]

Quando as crianças têm o que precisam, então sentem uma pressão natural para se moverem para adiante, para o mais, para a vida. Ao fazê-lo, cumprem com seu objetivo existencial e, ao longo da vida, serão o testemunho vivo de um amor que seguirá sempre frutificando e se multiplicando, naqueles que virão e nas obras de amor que se seguirão do esforço de cada filho em fazer o melhor com aquilo que lhe foi dado.

Ao caírem em seu próprio terreno e desabrocharem, os filhos movem-se na força daqueles que o geraram, e ao fortalecerem-se, florescerem e frutificarem, atestam o sucesso da fonte da semente que, neles, se fez vida em abundância.

---

71. Bert Hellinger, *Glück, das bleibt* [felicidade que permanece], p. 61.

O que impede e o que favorece a um casal conceber

A dificuldade de conceber, tecnicamente chamada de infertilidade, tem múltiplas causas orgânicas das quais cuida a medicina.

Para além delas, encontramos movimentos sistêmicos e vínculos específicos de amor cego, no coração da mulher ou do homem, com seu sistema, que frequentemente dificultam a vida de seguir adiante.

Igualmente percebemos que a dinâmica das trocas no casal pode facilitar ou dificultar, até mesmo impedir, a gestação, e que modificações na postura interior de um para com o outro e nessa troca podem desobstaculizar o fluxo da vida.

E, finalmente, vemos que a realidade espiritual e o contexto da vida anterior interferem poderosamente sobre as experiências no presente, gerando facilidades ou obstáculos ao processo criador e reprodutivo, com finalidades de reajuste, aprendizado e reparação dos débitos espirituais.

Vejamos cada uma dessas situações.

CAUSAS ORGÂNICAS

São várias as causas orgânicas da infertilidade. Dentre elas:

- Distúrbios hormonais que impedem ou dificultam o crescimento e a liberação do óvulo (ovulação).
- Síndrome dos Ovários Policísticos.
- Problemas nas trompas ou tubas uterinas, provocados por infecções ou cirurgias.
- Endometriose.
- Ligadura das trompas.
- Muco cervical que impede a passagem dos espermatozoides.
- Infecção no colo do útero.
- Idade.

Não é objeto de estudo nosso, nesta obra, a descrição detalhada dessas doenças ou condições orgânicas que impedem uma gestação, pois os livros de medicina e das demais áreas biológicas as descrevem com precisão, e embora eu seja médico, vejo maior utilidade, aqui, na partilha das causas sistêmicas e espirituais.

Ao falar desse tópico, quero ressaltar, para além das condições biológicas citadas, o papel da mente da mulher sobre o corpo e o efeito do controle mental sobre as células.

O estresse e a ansiedade dificultam o processo gestacional, diminuindo em até 30% a ovulação e o sucesso das inseminações artificiais entre 15 e 45%.

Os conflitos psicológicos internos, os traumas vividos na infância, as angústias cultivadas, funcionam como tóxicos mentais e emocionais que produzem uma cascata neuroquímica intensa, mobilizando a ativação e a desativação genética continuamente, como nos ensina a epigenética,[72] podendo dificultar tanto a ovulação quanto o processo de fecundação ou de nidação (implante do ovo fecundado no útero).

Dessa forma, tanto o estresse de vida quanto a pressão para engravidar que muitas mulheres sofrem, de si mesmas e de suas famílias, produzem um microclima tóxico que dificulta o intento.

Na atualidade, muitas mulheres deixam a família como segundo plano e colocam a profissão como objetivo primeiro, estabelecendo relações mais tarde e deixando para engravidar em uma época mais tardia da vida em que não só os fatores biológicos concorrem para a dificuldade, como a pressão para o êxito torna-se máxima, nelas mesmas e nos outros. Tudo isso cria um clima de tensão permanente, pelo medo de não engravidar, de não conseguir formar uma família e os sentimentos de fracasso, insuficiência que isso gera. O mesmo acontece com os homens, que dado o estilo de vida moderno de estresse, pressão e agitação, têm tido alterações mais frequentes nos espermogramas e na fertilidade, gerando os mesmos sentimentos que as mulheres, às vezes mais agravado, pois no imaginário e nas crenças culturais de um homem, não ter potência sexual ou não estar apto a engravidar uma mulher é entendido como uma falha na sua masculinidade, o que gera muita angústia.

---

72. Ramo da biologia e da medicina que estuda as moléculas e os fatores que controlam a ativação e a desativação genética no interior das células. Discorro sobre isso no livro *Cura e autocura: uma visão médico-espírita*, publicado pela Ame & InterVidas.

Na literatura espírita, vemos um caso muito interessante de ação mental de um homem sobre os seus gametas, no estudo da reencarnação de Segismundo. O homem que o receberia como pai naquela nova volta, era um antigo desafeto que havia se compromissado, antes da encarnação, a recebê-lo como filho para o reajuste espiritual entre ambos. No entanto, ao chegar o momento aprazado, Adelino, o pai, recusa-se, espiritual e mentalmente, a recebê-lo, magoado e temeroso, rejeitando a programação encarnatória. O efeito disso é que a ação mental intoxica os gametas na bolsa seminal, inviabilizando-os. Assim descreve André Luiz:

> Assim, a mente humana. Dela se originam as forças equilibrantes e restauradoras para os trilhões de células do organismo físico; mas, quando perturbada, emite raios magnéticos de alto poder destrutivo para as comunidades celulares que a servem. O pensamento envenenado de Adelino destruía a substância da hereditariedade, intoxicando a cromatina dentro da própria bolsa seminal. Ele poderia atender aos apelos da Natureza, entregando-se à união sexual, mas não atingiria os objetivos sagrados da Criação, porque, pelas disposições lamentáveis de sua vida íntima, estava aniquilando as células criadoras, ao nascerem, e, quando não as aniquilasse por completo, intoxicava os genes do caráter, dificultando-nos a ação.[73]

Tudo isso se passa a nível espiritual, inconsciente, portanto, da consciência da encarnação atual. O mesmo

---

[73]. Francisco Cândido Xavier e Espírito André Luiz, *Missionários da luz*, cap. 13, p. 108.

podemos imaginar que aconteça com aqueles que dizem querer os filhos, porém no íntimo os rejeitam, seja porque não se sentem preparados ou porque não tenham segurança no relacionamento de casal etc. O mesmo fenômeno se dá com as mulheres e o controle da ovulação.

Caso Adelino fizesse um espermograma, veria alterações no formato e na mobilidade dos gametas e se acreditaria vítima de algum fator impeditivo, sem o perceber que seu campo mental e emocional é que gerava aqueles efeitos, embora existam causas orgânicas que também os gerem.

Algo parecido encontramos na explicação de André Luiz para as gestações sem fetos, oriundas da força mental da mãe, como podem ser as gestações anembrionárias, por exemplo.

— Como compreenderemos os casos de gestação frustrada quando não há Espírito reencarnante para arquitetar as formas do feto?

— Em todos os casos em que há formação fetal, sem que haja a presença de entidade reencarnante, o fenômeno obedece aos moldes mentais maternos. Dentre as ocorrências dessa espécie há, por exemplo, aquelas nas quais a mulher, em provação de reajuste do centro genésico, nutre habitualmente o vivo desejo de ser mãe, impregnando as células reprodutivas com elevada percentagem de atração magnética, pela qual consegue formar com o auxílio da célula espermática um embrião frustrado que se desenvolve, embora inutilmente, na medida de intensidade do pensamento maternal, que opera, através de impactos sucessivos, condicionando as células do aparelho reprodutor, que lhe respondem aos apelos segundo os princípios de automatismo e reflexão. Em contrário, há, por exemplo, os casos em que a mulher, por recusa deliberada à gravidez de que já se acha possuída, expulsa a entidade reencarnante nas primeiras semanas de gestação, desarticulando os processos celulares da constituição fetal e adquirindo, por semelhante atitude, constrangedora dívida ante o Destino.[74]

Vemos, portanto, que a postura mental da mãe tem ação tanto no processo de indução a uma pseudogestação inicial quanto no abortamento espontâneo, sobretudo nos primeiros momentos da gestação, quando a embriogênese está ainda inicial e mais susceptível aos choques magnéticos que ativam e desativam genes no núcleo da célula.

Se assim é, se o campo mental tem tanto poder sobre a ação celular, podemos imaginar o teor benéfico das orações, das meditações e, sobretudo, das visualizações criativas que a mulher e o homem podem fazer, mentalizando e irradiando para as células germinativas, os gametas, a onda mental de paz e de acolhimento, de tranquilidade e de aceitação, durante o processo meditativo, que lhes favoreça o melhor equilíbrio e a maior harmonia para o cumprimento dos planos reencarnatórios que já vêm impregnados no mapa genético de cada um.

CAUSAS SISTÊMICAS

A terapeuta Tatiana Reis comenta:

---

74. Francisco Cândido Xavier e Espírito André Luiz, *Evolução em dois mundos*, cap. 33.

Ao receber esse diagnóstico da infertilidade, assim como a exclusão das possibilidades naturais para conceber um filho, os casais vivem um período de crise vital, reativando antigas angústias, conflitos e promovendo uma desestabilidade na estrutura do relacionamento. E muitas vezes não existe um diagnóstico, simplesmente o "filho não vem".

Quando os casais buscam as clínicas de tratamento, quase na maioria dos casos, estão em um estado emocional de fragilidade, ansiosos e desgastados por um processo de busca por ajuda que já pode ter sido longo e difícil até então e isso faz com que se submetam a todos os tipos de técnicas, hormonais, reprodução e até os milagrosos chás!

E a essa altura do campeonato, Deus já foi o culpado, ou o destino, má sorte, o medo já tomou conta da situação e infelizmente o casal não se conecta consigo mesmo para entender esse processo.

A visão sistêmica e biológica sobre a questão vai muito além do "não conseguir engravidar", olhamos para o que "o não conseguir engravidar" está dizendo ao casal, como uma carta que traz uma mensagem, mas nesse momento o casal não quer ler a mensagem, insiste, persiste!

Muitos no caminho sem saber abrem a carta, recebem a mensagem e se curam e conseguem e outros infelizmente passam uma vida tentando, sem se abrir para a mensagem![75]

No estudo da dinâmica do casal podemos encontrar vários fatores que atuam na disponibilidade ou não de uma

---

[75]. Disponível em: http://tatianareisterapeuta.blogspot.com.br/2017/07/infertilidade-dificuldade-em-engravidar.html

gestação. Algumas perguntas, dentre outras questões, devem ser feitas e respondidas pelo casal:

- Para que queremos um filho? Quais objetivos temos com isso?
- O que ele representa para nós?
- Conseguimos viver bem e nos amarmos, como casal, sem filhos?
- Há autorização interna, pessoal e como casal, para que um filho possa vir?

Ao olhar para as questões acima, o casal está se questionando sobre o que um filho representa para eles na dinâmica de sua vida pessoal, como casal, como parte do sistema e da sociedade da qual fazem parte.

Isso pode parecer óbvio, pois a maioria das pessoas vivem a pulsão de formar família e ter filhos de maneira automática, sem reflexões mais profundas, seguindo sonhos de infância e até programações reencarnatórias estabelecidas, mas a infertilidade temporária ou permanente requer meditação e consciência desse processo.

Os filhos, como vimos, são continuidades do amor do casal, coroamento da relação de amor a dois e, como tal, seguem para a vida para cumprir seu destino. Quando os pais necessitam de filhos para preencher o seu vazio interior ou para dar sentido à sua vida, então algo muito essencial, anterior aos filhos, está faltando. Embora os filhos sejam uma alegria para os pais, eles não são o sentido existencial dos pais. Anterior aos filhos vem a relação de casal e, antes dela, a relação com os pais.

Pode ser que alguém deseje um filho para salvar a relação de casal que está ameaçada ou para unir duas pessoas que não se entendem ou não têm ponto de contato mais profundo entre si. Embora a presença de um filho possa – ou não – fazer esse papel, visto que as pesquisas demonstram tanto o aumento da qualidade da relação de casal quanto de conflitos específicos, um filho não deve ser desejado com esse objetivo. Assim, um filho não pode vir naquele sistema.

Um filho não deve ser almejado como um curativo para uma dor infantil ou juvenil. Quando assim é, o filho se torna escravo da manipulação emocional daqueles pais e passa a dar ao invés de receber. Trata-se de uma inversão de ordem desde o início.

Me lembro de uma jovem de 16 anos da qual fiz o pré-natal quando trabalhava como médico de família e comunidade em uma região carente de Belo Horizonte. Eu me surpreendi muito com sua juventude, sua aparência franzina e a gravidez precoce. Perguntei a ela se havia sido um acidente de percurso, uma falta de anticoncepção, como eu imaginava. Ela disse que não, que havia desejado e engravidado de caso pensado. Assustei-me com aquilo, pois ela não tinha um relacionamento, nem um emprego, nem estrutura familiar que a desse suporte para uma gestação e a maternidade. Então, eu a questionei: "Qual o motivo de você desejar um filho com esta idade?" Ela respondeu: "Ah, doutor, companhia para a gente é filho da gente..."

Ficou claro que o objetivo daquela gestação era a solidão que aquela jovem sentia, o sentimento de não pertencimento a algo e a necessidade de mudar de *status* social em sua comunidade, na qual as mães eram mais valorizadas, segundo ela pensava. Não conhecia ainda os sacrifícios que um filho requisita.

Após a consulta e após assegurar cuidado e amparo àquela gestante, visto que toda gravidez tem um sentido espiritual maior por detrás, quando a vida a autoriza, fiquei pensando no futuro daquele filho. Ele já nasceria condenado a ser companhia para a mãe, a preencher o seu vazio, em plena inversão de ordem e indução ao amor cego. Um filho desses dificilmente teria uma chance na vida, caso algo não mudasse, pois sem pai e com um vínculo desses com a mãe, era um forte candidato ao uso de drogas, amplamente praticado naquela comunidade, e a outros movimentos que levam ao menos ou à morte.

Um filho, portanto, não pode ser objetivado como o preenchimento de um vazio existencial. É preciso que primeiro os pais olhem para a sua relação com os próprios pais e, após, para a sua relação de casal, para ver o contexto sistêmico em que aquele filho é desejado ou aguardado, e preparar o terreno, com amor.

Assim como nos terrenos físicos da vida, é preciso arar o solo, retirar os pedregulhos, adubar e enriquecer a terra que acolherá a semente. Só assim a fertilidade pode ser intensa e útil.

RESPEITO

Muitas mulheres já tiveram tantos relacionamentos frustrados e chegaram a uma idade em que desejam ser mães a todo custo, que se comportam perante os homens apenas como se fossem dispensadores de gametas masculinos, sem maior importância.

Nesse caso a mensagem é: "Não importa com quem seja, desde que eu tenha o 'meu' filho." Nessa postura há um intenso desrespeito com o homem.

O mesmo acontece em relações nas quais a mulher olha para o homem com superioridade, pensando que será ela quem proverá a casa, cuidar das questões objetivas, cuidar do "seu" filho etc. Aí não há, igualmente, espaço para o respeito, e onde não há respeito há impedimento de que a vida venha.

Cada um só toma o melhor do outro quando o olha e o respeita na sua dignidade essencial.

O filho não é meu, é nosso. Provem dos dois e trará, nele, a união do casal, para sempre.

"NÃO VENHA"

Outro movimento sistêmico é o impedimento à vida de seguir adiante dentro daquele sistema. Isso pode ocorrer quando os filhos criticam os pais ou seu sistema de maneira tão intensa que, apesar de dizerem que desejam engravidar, no coração vibram que não desejam perpetuar os genes daquela família. Isso é o mesmo que dizer ao filho "Não venha", afinal não há outra coisa a ofertar-lhe que os genes daqueles antepassados, a força daquela ancestralidade e a grandeza dos que vieram antes.

É essencial, nesse caso, que os pais aprendam a olhar para a força de cada um que compõe aquela família, com gratidão, e sem se intrometer, internamente, nos assuntos alheios que não lhe digam respeito. Essa é uma postura respeitosa que preserva qualquer um de perpetuar o que seja vazio naquele sistema. Dar um lugar de amor para os excluídos do sistema é ampliar a vida para destinos mais leves e mais amplos.

Também há movimentos sistêmicos, que poderíamos denominar de "Não venha", que se originam das pulsões de morte dos filhos desejando seguir os pais na morte. Isso acontece quando os pais faleceram e os filhos mantêm a sua ausência no coração, ao invés de sua presença viva, e se fazem órfãos, desconectando-se da força dos pais que neles vibra. Nesses casos, instala-se um movimento de amor cego que diz aos pais na alma: "Eu te sigo na morte". Embora seja amor, leva os filhos para o fundo do poço. A solução seria: "Eu decido ficar e viver por amor a vocês e, em sua homenagem, farei algo bom por mim e pela minha família".

O mesmo acontece quando há um conflito entre o casal gerando insegurança entre eles e, sobretudo, quando a mulher acha que precisa ocupar o lugar de homem e bastar para toda a família, por não acreditar na força e competência de seu homem. Essa postura reflete o desrespeito ao masculino, muitas vezes repetição de padrões familiares, sobretudo em estruturas familiares matriarcais nas quais as mães são a grande voz de comando e os homens são diminuídos ou se diminuem.

Um filho também não pode vir quando algum dos dois deseja deixar o casal. Se há um movimento que deseja sair do relacionamento, então há um clima de absoluta insegurança rondando aquele casal. Aí um filho não tem lugar. É preciso que cada um olhe com respeito para o parceiro, caso esteja disposto a investir no relacionamento, e diga:

"Eu fico, por mais um pouco, eu fico, com amor." E todo dia isso deve ser repetido até que não seja mais necessário.

ABORTOS ESPONTÂNEOS OU PROVOCADOS

Um tema recorrente em constelações familiares são os vínculos com os abortados, espontâneos ou provocados, que se mostra por detrás das dificuldades dos pais de gestarem e de seguir a vida adiante.

Os abortos são tratados, de forma geral, como algo a ser excluído do sistema, em uma visão utilitarista e imediatista. É como se alguém dissesse na alma: "Como não viveu, não pertence". A realidade é bem distinta desta. Todos pertencem e ninguém pode ser excluído, diz o pertencimento. Quando um abortado é excluído, sofre um duplo aborto: não teve direito à vida e não tem direito a pertencer à família. O que se observa, então, são vínculos de amor cego que ligam pais, mães e irmãos àqueles que foram abortados.

O trabalho com mães e pais que viveram abortos espontâneos é mais fácil, pois não trazem grande carga de culpa ou de remorso, e acolhem com mais rapidez e facilidade os filhos, tão logo o vínculo se mostre, através de representantes, em um trabalho de constelação individual ou da intervenção terapêutica.

Já aqueles que vivenciaram abortos provocados costumam precisar enfrentar a carga de longa culpa que muitos cultivam, e a dor decorrente da evitação de tocar nesse ponto doloroso da história, para muitos. Mas, ao fazê-lo, no clima ausente de julgamento moral e pleno de amorosidade de uma constelação familiar, experimentam uma maravilhosa oportunidade de ver o amor do filho por eles e deles pelo filho, podendo reconciliar-se no coração.

Quando os excluídos podem ter um lugar de amor, e quando se pode olhar para os vínculos de amor que nos ligam àqueles que não mais vivem, então é possível converter uma pulsão de morte em pulsão de vida e mover-se em direção ao mais.

O EFEITO DO ABORTO NA VISÃO ESPÍRITA E NA GÊNESE DA INFERTILIDADE

Esse tema ganha profundidade ainda maior com o conhecimento espírita, que nos demonstra os efeitos, no corpo astral ou no perispírito, dos abortos intencionalmente cometidos e as consequências naturais que se seguem na encarnação imediatamente seguinte (embora possam seguir por mais de uma encarnação).

O corpo astral é o modelo organizador biológico que se vincula à célula-ovo ou zigoto no momento da fecundação e passa a guiar o processo da embriogênese (formação do embrião), de acordo com os moldes energéticos que contém.

Esses moldes vêm dos efeitos naturais do que fizemos de nós mesmos, no passado, e hoje colhemos, e daquilo que programamos para aquela encarnação, preparando o corpo espiritual no período entre as encarnações.

Quando uma mulher vive abortos provocados, lesa o corpo espiritual na área genésica ou reprodutiva, e as marcas desse ato ali permanecem, não importando se o ato foi legal ou não aos olhos dos homens, pois à luz da lei divina se trata de uma agressão, um impedimento à vida e um desrespeito à programação espiritual de cada um.

Na visão espírita, o feto não é um adendo do corpo da mulher para que esta possa decidir sobre ele, e sim um ser vivo, autônomo, com multiplicação celular própria e independente, que se nutre da mãe, mas não pertence a ela. Um feto tem a sua dignidade física e espiritual e, na visão espírita, se trata de um Espírito imortal em processo de reencontro e reajuste espiritual com aqueles com os quais tem anteriores vínculos, na maior parte das vezes, obedecendo um planejamento específico da sabedoria divina. O aborto, portanto, só é justificável e de acordo com a lei divina quando se trata de legitimamente salvar a vida da mãe, diante de um quadro clínico que verdadeiramente a coloque em risco eminente de morte.

André Luiz conta detalhadamente os efeitos do aborto provocado, a que ele denomina "abortos criminosos", à luz da reencarnação, e nos explica a gênese espiritual de muitos quadros orgânicos de infertilidade. O texto e citação são longos, mas decidimos mantê-los na íntegra, dada a riqueza das informações médicas e espirituais e das reflexões que suscitam:

> É dessa forma que a mulher e o homem, acumpliciados nas ocorrências do aborto delituoso, mas principalmente a mulher, cujo grau de responsabilidade nas faltas dessa natureza é muito maior, à frente da vida que ela prometeu honrar com nobreza, na maternidade sublime, desajustam as energias psicossomáticas, com mais penetrante desequilíbrio do centro genésico, implantando nos tecidos da própria alma a

sementeira de males que frutescerão, mais tarde, em regime de produção a tempo certo.

Isso ocorre não somente porque o remorso se lhes entranhe no ser, à feição de víbora magnética, mas também porque assimilam, inevitavelmente, as vibrações de angústia e desespero e, por vezes, de revolta e vingança dos Espíritos que a Lei lhes reservara para filhos do próprio sangue, na obra de restauração do destino. No homem, o resultado dessas ações aparece, quase sempre, em existência imediata àquela na qual se envolveu em compromissos desse jaez, na forma de moléstias testiculares, disendocrinias diversas, distúrbios mentais, com evidente obsessão por parte de forças invisíveis emanadas de entidades retardatárias que ainda encontram dificuldade para exculpar-lhes a deserção.

Nas mulheres, as derivações surgem extremamente mais graves. O aborto provocado, sem necessidade terapêutica, revela-se matematicamente seguido por choques traumáticos no corpo espiritual, tantas vezes quantas se repetir o delito de lesa-maternidade, mergulhando as mulheres que o perpetram em angústias indefiníveis, além da morte, de vez que, por mais extensas se lhes façam as gratificações e os obséquios dos Espíritos Amigos e Benfeitores que lhes recordam as qualidades elogiáveis, mais se sentem diminuídas moralmente em si mesmas, com o centro genésico desordenado e infeliz, assim como alguém indebitamente admitido num festim brilhante, carregando uma chaga que a todo instante se denuncia.

Dessarte, ressurgem na vida física, externando gradativamente, na tessitura celular de que se revestem, a disfunção que podemos nomear como sendo a miopraxia do centro genésico atonizado, padecendo, logo que reconduzidas ao curso da maternidade terrestre, as toxemias da gestação.

Dilapidado o equilíbrio do centro referido, as células ciliadas, mucíparas e intercalares não dispõem da força precisa na mucosa tubária para a condução do óvulo na trajetória endossalpingeana, nem para alimentá-lo no impulso da migração por deficiência hormonal do ovário, determinando não apenas os fenômenos da prenhez ectópica ou localização heterotópica do ovo, mas também certas síndromes hemorrágicos de suma importância, decorrentes da nidação do ovo fora do endométrio ortotópico, ainda mesmo quando já esteja acomodado na concha uterina, trazendo habitualmente os embaraços da placentação baixa ou a placenta prévia hemorrágica que constituem, na parturição, verdadeiro suplício para as mulheres portadoras do órgão germinal em desajuste.

Enquadradas na arritmia do centro genésico, outras alterações orgânicas aparecem, flagelando a vida feminina como sejam o descolamento da placenta eutópica, por hiperatividade histolítica da vilosidade corial; a hipocinesia uterina, favorecendo a germicultura do estreptococo ou do gonococo, depois das crises endometríticas puerperais; a salpingite tuberculosa; a degeneração cística do cório; a salpingooforite, em que o edema e o exsudato fibrinoso provocam a aderência das pregas da mucosa tubária, preparando campo propício às grandes inflamações anexiais, em que o ovário e a trompa experimentam a formação de tumores purulentos que os identificam no mesmo processo de desagregação; os síndromes circulatórios da gravidez aparentemente normal, quando a mulher, no pretérito, viciou também o centro cardíaco, em consequência do aborto calculado e seguido por disritmia das forças psicossomáticas que regulam o eixo elétrico do coração, ressentindo-se, como resultado, na nova encarnação e em pleno surto de gravidez, da miopraxia do aparelho cardiovascular, com aumento da carga plasmática na corrente sanguínea, por deficiência no orçamento hormonal, daí resultando graves problemas da cardiopatia consequente. Temos ainda a considerar que a mulher sintonizada com os deveres da maternidade na primeira ou, às vezes, até na segunda gestação, quando descamba para o aborto criminoso, na geração dos filhos posteriores, inocula automaticamente no centro genésico e no centro esplênico do corpo espiritual as causas sutis de desequilíbrio recôndito, a se lhe evidenciarem na existência próxima pela vasta acumulação do antígeno que lhe imporá as divergências sanguíneas com que asfixia, gradativamente, através da hemólise, o rebento de amor que alberga carinhosamente no próprio seio, a partir da segunda ou terceira gestação, porque as enfermidades do corpo humano, como reflexos das depressões profundas da alma, ocorrem dentro de justos períodos etários.

Além dos sintomas que abordamos em sintética digressão na etiopatogenia das moléstias do órgão genital da mulher, surpreenderemos largo capítulo a ponderar no campo nervoso, à face da hiperexcitação do centro cerebral, com inquietantes modificações da personalidade, a ralarem, muitas vezes, no martirológio da obsessão, devendo-se ainda salientar o caráter doloroso dos efeitos espirituais do aborto criminoso, para os ginecologistas e obstetras delinquentes.[76]

Vemos, assim, que os efeitos do aborto são múltiplos no corpo espiritual, levando a muitas circunstâncias que hoje

---

[76]. Francisco Cândido Xavier e Espírito André Luiz, *Evolução em dois mundos*, cap. 34.

se manifestam como dificuldade para a gestação. Como, então, diante dessa realidade, buscarmos o remédio para o corpo e para a alma? É ainda André Luiz quem nos esclarece:

> — Para melhorar a própria situação, que deve fazer a mulher que se reconhece, na atualidade, com dívidas no aborto provocado, antecipando-se, desde agora, no trabalho da sua própria melhoria moral, antes que a próxima existência lhe imponha as aflições regenerativas?
> — Sabemos que é possível renovar o destino todos os dias. Quem ontem abandonou os próprios filhos pode hoje afeiçoar-se aos filhos alheios, necessitados de carinho e abnegação. O próprio Evangelho do Senhor, na palavra do Apóstolo Pedro, adverte-nos quanto à necessidade de cultivarmos ardente caridade uns para com os outros, porque a caridade cobre a multidão de nossos males.[77]

Ele sugere o cuidado com os filhos alheios como forma de conectar-se com a sacralidade da maternidade, da vida e do amor, a funcionar como bombardeio magnético de elevada frequência sobre as células reprodutivas, reequilibrando-as. Vemos, igualmente, na constelação, que quando alguém que experienciou o aborto diz ao representante do abortado: "Eu farei algo bom em sua homenagem", este se alegra muitíssimo e a corrente de amor amplo inunda a todos e pode ser sentida como se fosse algo físico.

---

77. Ibidem.

Muitos filhos que desencarnaram precocemente, na infância ou juventude, retornam através da mediunidade, como o fazia Chico Xavier e, hoje, através de outros médiuns compromissados com o bem, conclamam os seus pais a não lamentarem a sua perda, mas a abraçarem uma causa de amor em seu nome, em nome do amor que os une, fazendo algo de bom em sua homenagem. E, assim, os pais ganham novo sentido para a vida e se movem na direção de um amor muito mais amplo.

O mesmo se dá nesse caso. Não é obrigatório que se cuide dos filhos alheios, mas é essencial que se conjugue o verbo amar, na alegria de partilhar e de maternar a vida, seja onde e como o coração pedir ou possibilitar.

Não é por acaso que muitas pessoas que tinham dificuldade para engravidar o conseguem após realizar a adoção de uma criança, até mesmo quando já não mais pensavam no tema, e são surpreendidos com a gestação espontânea, dado que o organismo reage não só à tranquilidade emocional de já viver a maternidade, mas, sobretudo, ao amor maior que acolhe aquele que não gerou, e que o faz com amor.

Assim, quando cuidamos da relação de casal, com respeito e igualdade, do enraizamento necessário no amor de nossos pais, com honra e gratidão, e dos movimentos de amor que o coração nos demande e que sintamos que devemos realizar, a vida pode encontrar o melhor campo para florescer e frutificar as sementes que a sabedoria e a misericórdia de Deus destinaram a cada um e a cada casal, como resultado da grandeza do amor a dois.

SEIS PASSOS PARA O SUCESSO NA "FERTILIZAÇÃO IN VITRO": RELATOS DE UM GRUPO DE MULHERES SUBMETIDAS À FIV

— **Letícia F. Talarico**
[psicóloga clínica, palestrante e facilitadora de constelação familiar; membro da Ame-Goiânia]

O milagre da vida também pode ocorrer através dos recursos que a medicina tem a nos oferecer. A Fertilização in Vitro (FIV) é um deles. Nesse tratamento, basicamente, a produção de folículos é estimulada com o uso de medicamentos adequados (gonadotrofinas, LH e FSH). O médico especialista em reprodução humana faz o controle por meio de exames de ultrassom transvaginal e dosagens hormonais. Com esse controle, é possível definir o melhor dia da coleta de óvulos. No laboratório de embriologia, ocorre um tratamento para melhorar a qualidade dos espermatozoides. O tratamento consiste em realizar a fecundação do óvulo no laboratório de embriologia. Depois de observar o desenvolvimento dos embriões, pode ocorrer a transferência para o útero materno.

A infertilidade é um tema que sempre me chamou a atenção desde o início da minha prática clínica. Acompanhei diversos casos bem e malsucedidos. O trabalho se tornou intenso quando eu também passei por alguns conflitos nessa área. Dúvidas e questionamentos assombravam a minha mente.

Toda atividade que gera angústia nos convida a um movimento de silêncio, reflexão e autoconhecimento. Quando desejamos muito encontrar respostas para as nossas aflições, um bom caminho junto ao autodescobrimento é o trabalho. Servir com alegria nos ajuda. Tive vontade de compreender, além do que eu já tinha visto em consultório e em trabalhos de constelação familiar, quais os movimentos inconscientes que dificultavam um casal saudável a engravidar.

Recém-chegada em Goiânia com o meu marido, conheci em 2015 a dra. Ana Paula Vecky, que me convidou para trabalhar com um grupo de mulheres grávidas no centro espírita que ela frequentava. Era sábado de manhã quando algo inesperado aconteceu: as grávidas não compareceram. Para a nossa surpresa, naquele dia chegaram duas mulheres que se diziam "tentantes": estavam tentando engravidar.

A dra. Ana Paula fitou-me firmemente e disse: "Letícia, este trabalho é para você". Uma alegria enorme encheu o meu coração. Vi naquelas mulheres a possibilidade de ajudá-las a identificar o que as impedia de engravidar e, assim, aproveitar aquelas informações e intuições na busca pelas respostas para os vários questionamentos pessoais que me assombravam.

A partir dessas duas mulheres "tentantes", tive a força para montar um grupo de pesquisa no meu consultório para trabalhar com o tema: "Fertilizando a Vida". Concomitantemente, de diversos lugares as "tentantes" foram chegando: atendimento via internet, atendimento presencial individual e de grupo. O pré-requisito para participar das oito sessões do *Fertilizando a Vida* era ter feito pelo menos uma FIV. Os atendimentos foram específicos para as mulheres submetidas a esse tratamento. A idade delas variava entre 31 e 42 anos.

Foi preciso criar um tipo de terapia breve, com foco determinado e o tempo limitado para que as mulheres pudessem estabelecer maior equilíbrio emocional antes das próximas tentativas de FIV. Os detalhes do método e dos relatos estão sendo escritos com detalhes em um livro que será lançado no próximo ano.

Foram nove mulheres atendidas no grupo. Todas foram submetidas à FIV. Uma engravidou sem tratamento, sete engravidaram através da FIV e outra (com 40 anos) não quis se trabalhar emocionalmente. Seu médico contou-me, mais tarde, que ela tentou mais duas FIVs e desistiu de engravidar. Lembro-me que sua postura interna vibrava nesta sintonia: "Se não engravidei até hoje, duvido que a medicina poderá fazer algo por mim". Ali estava contida uma dor por "Deus" não ter enviado a ela um filho de forma natural. Infelizmente, essa dor não trabalhada se tornou uma escolha com base na rebeldia.

Aproveitar das dificuldades emocionais para se transformar é deixar que o movimento da vida continue em você. Tirar o velho para gestar o novo é receber a fertilidade da vida na sua alma, independentemente de ter ou não um bebê.

Com base nos atendimentos realizados e *workshops* vivenciais, foi possível observar algumas etapas que se repetiam com uma certa frequência nas experiências emocionais de várias pacientes. Assim, foi possível sistematizar seis passos importantes para serem trabalhados na busca pelo sonho da maternidade, o que pode contribuir para a força e o equilíbrio emocional durante essa trajetória:

1) Engravide primeiro na alma e, depois, no corpo

Neste primeiro passo, as futuras mamães tiveram a chance de escutar o próprio corpo. Você já se autorizou a engravidar? No discurso racional sim, mas e no emocional?

Angelina [nome fictício], 31 anos, chegou ao grupo após se submeter a seis tentativas de FIV. Ela e seu marido, também jovem, não apresentavam qualquer problema físico. Nas estimulações foliculares, era possível aspirar de sete a oito óvulos bons, com o total de seis embriões.

"Eu não sei o que acontece. Estou casada há seis anos e nada. Acho que da próxima vez vou pedir para colocar quatro embriões de uma vez! Às vezes assim um se fixa no meu corpo. Eu quero muito que dê certo".

Poderíamos ter certeza de que uma pessoa tão empenhada no tratamento – afinal, foram seis FIVs – estava realmente disposta a engravidar. Sua reação após o exercício mostrou que não:

[Terapeuta] "Agora que você pode se permitir escutar o seu corpo, repita em voz alta para você mesma: 'Meu corpo está pronto para receber o meu filho. Eu me sinto grávida. Estou grávida.'" Essas afirmações foram sugeridas durante a mentalização construída a partir de uma anamnese detalhada da paciente. A técnica de mentalização ocorreu pelo método de Milton Erickson.

Ao repetir as afirmações, Angelina se emocionou e disse: "Quando afirmo que estou pronta, sinto um medo terrível e logo vêm imagens da minha infância e da minha mãe. Como foram ruins as minhas experiências de infância! Quando eu disse: 'Estou grávida', senti um medo terrível que minha voz saiu até mais suave. Estranho, porque na minha cabeça estava tudo certo..."

A partir dos conteúdos emocionais que foram aparecendo, fomos trabalhando o que a impedia de se sentir disponível para engravidar. Geralmente, o que impede está no nível do inconsciente, ou seja, a pessoa muitas vezes não tem noção do que atua em seu comportamento. Angelina engravidou naturalmente após três meses de tratamento psicológico.

A técnica terapêutica deve ser escolhida de acordo com cada história e com os conteúdos que forem surgindo a partir das sessões. Hipnoterapia ericksoniana, constelação familiar e EMDR foram as mais utilizadas. Apresentarei para você, leitor, apenas um esboço de algumas reflexões que podem ajudar as mulheres submetidas à FIV a terem mais sucesso no tratamento.

Você pode experimentar agora um pouco de suas percepções, o que o seu corpo comunica quando você repete essas frases? A reação pode ser de alegria, de estranhamento, de medo, entre outros. Você pode experimentar o exercício abaixo para observar se existe algum impedimento do seu corpo que impeça a gravidez:

Em um ambiente calmo e seguro, coloque as suas mãos sobre o seu ventre, e repita em voz alta (mentalizar as frases não produz o mesmo efeito de falar, pois você e seu corpo precisam escutar a própria voz):
— Eu desejo engravidar, eu já estou disponível para isso.
Respire e observe a sua reação em dizer isso.
— Eu posso engravidar.
Respire e observe a sua reação em dizer isso.
— O meu ventre é saudável e se alegra em receber o meu filho aqui.
— É uma alegria ter um filho do meu marido.
— Eu posso me sentir grávida.

O resultado desse exercício mostrou que a maioria das mulheres não identificaram no corpo a autorização real do desejo de engravidar. Surgiram questões como:
"Que estranho, minha fala é falsa, pois parece que se eu engravidar, algo de muito ruim acontecerá."
Em gargalhadas, outra paciente respondeu: "Estou na segunda FIV e não consigo me imaginar grávida. Isso é muito estranho! Meu Deus, e agora?"
"Não sinto que meu ventre é saudável; parece que estou velha."

"Quando penso no meu ventre, tenho muita raiva. Como tive coragem de fazer um aborto? Nem eu sabia que eu tinha raiva de mim e do meu ventre."

Empoderar-se do desejo e da autorização para engravidar ajudará a mulher a sentir-se mais forte para conceber a vida.

O termo "engravidar na alma" foi criado por uma participante do grupo. Ela compreendeu que precisava se aproximar do seu desejo mais profundo de engravidar para autorizar seu corpo a receber o bebê.

Foi possível observar que traumas da infância, emaranhados sistêmicos ou experiências dolorosas impediam essas mulheres de se sentirem "grávidas de alma".

Com a visualização positiva, foi possível ajudar as tentantes a mudarem o padrão vibratório que as impedia de ganhar força.

"Faltavam dois dias para terminar a minha FIV. Por dentro eu me sentia cheia; parecia que pela primeira vez eu tinha dado um lugar no meu ventre para o meu filho. Eu e meu marido passamos a ter mais tempo para nós. Cada cantinho da nossa casa tinha um pouco da gente. Sabíamos que da nossa parte, já nos sentíamos como todas as outras pessoas comuns: pais. Era como estar grávida de alma." [JKL, 35 anos, engravidou de uma menina após a segunda FIV.]

2) Deixe de carregar o mundo nas costas para carregar o mundo na barriga

Você ocupa o seu lugar de filha(o)? Existe um lugar de respeito para cada uma das pessoas do seu sistema familiar? Andrei Moreira comentou nos capítulos anteriores sobre a importância de respeitar a ordem daqueles que vieram primeiro no sistema familiar. No trabalho com as pacientes submetidas à FIV, apareceram vários casos nos quais as mulheres que não respeitavam a hierarquia do sistema familiar não se mostravam disponíveis para a própria vida, nem para gestar uma vida.

Podemos dizer que muitas delas estavam "ocupadas demais" com um dos seus pais ou com seus irmãos. Excesso de preocupação; sentir-se importante demais no sistema familiar de origem, além do desejo intenso de resolver os problemas emocionais dos familiares, tudo isso reflete um dos sintomas do desrespeito à ordem.

Andrei Moreira, citando Bert Hellinger, expõe que quando o casal se casa, a família mais importante passa a ser a nova família: o casal. Infelizmente, não é isso que vemos com frequência. Há homens que ainda são os "filhinhos da mamãe", ou mulheres que, além de ocupar o lugar de "filhinhas do papai", representam as cuidadoras emocionais de toda a família. Isso gera uma indisponibilidade para se sentir presente no seu relacionamento amoroso e na sua vida pessoal. Uma paciente tocada com essas informações, disse: "Eu carrego todos os problemas nas minhas costas e, com esse peso, como vou me permitir gerar um bebê?"

Deixar de carregar o mundo nas costas significa, aqui, devolver para cada pessoa que você ama aquilo que, de fato, pertence a cada um. Por dó ou por uma fidelidade inconsciente, temos a tendência a querer amenizar os sofrimentos ou as consequências das escolhas das pessoas que amamos.

Karenina [nome fictício], 32 anos, já tinha tentado duas FIVs quando procurou ajuda psicológica. Numa das sessões, ela disse: "Como vou conseguir ficar inteira neste tratamento com minha mãe precisando tanto de mim? Ela foi abandonada pelo meu pai e eu sempre fui a filha esperta que a ajudou em tudo. Sou a companhia para ela".

Muitos filhos têm um pacto inconsciente com seus pais. Esse pacto geralmente é construído na infância, quando a criança, ainda bem pequena, passa a ocupar um lugar que falta para o seu pai ou sua mãe. Se, por exemplo, o marido abandonou a mãe ainda nova, pode ser que um dos filhos ocupe esse lugar que falta.

Outro pacto inconsciente observado foi a promessa inconsciente de cuidar da mãe ou do pai por pena da história de um deles. É como se a filha tentasse ser, para sua mãe, a figura materna que ela não pôde ter. Ou seja, é como se neta estivesse tentando ser maior que sua vovó.

Toda essa inversão de hierarquia ocorre de forma sutil, isto é, com a melhor das intenções, e tem como efeito a desconexão da própria vida.

Deixar o peso das costas para carregar o peso na barriga requer a humildade de devolver para cada pessoa querida a sua honra de carregar aquilo que é do seu próprio destino.

A carta abaixo exemplifica o reconhecimento de uma pessoa que carregava nas costas o peso de seu sistema familiar, mas decidiu retornar à sua posição familiar originária, ou seja, de filha. Observe como o texto denota o reconhecimento da inversão de papéis:

> Querida mãe, desde pequena eu já sentia as suas angústias e medos. A minha maior vontade era ter recursos financeiros e emocionais para te ajudar, mas eu era pequena demais. Olhava muitas vezes nos seus olhos e via a sua criança interna, sofrida, carente, isolada dos seus pais. Eu cresci, construí minha vida e eu ainda insisto em ser para você um pouquinho de tudo o que te faltou. Sinto muito, mãezinha, mas preciso cuidar de mim e da minha própria vida. Você teve os pais certos. Sua solidão só vai ser preenchida se eu deixar você reconhecer sua força. Eu também serei a mãe certa para os meus filhos. Vou aprender a ser a sua filha.

Reflita um pouco... Como você vê a história da sua mãe? Com força ou com pena? E a história do seu pai?

Você acha que seus conselhos são muito importantes para seus pais ou irmãos mais velhos?

Você acha que seu papel no seu sistema familiar de origem é muito importante?

Quando você olha para a criança que sua mãe foi, você se alegra em imaginá-la com os pais dela?
Quando você olha para a criança que seu pai foi, você se alegra em imaginá-lo com os pais dele?
Quem você gostaria de ajudar? Você olha com admiração para a força dessa pessoa?

3) Aprenda a "maternar" a si própria para, então, "maternar" o filho que vem

> Quando fiz minha última FIV, pensei: Nossa, e se vier gêmeos? Tenho tanta dificuldade de cuidar de mim mesma! Sou uma ótima profissional, mas não sei ser cuidada; tudo meu vira trabalho e não me permito descansar. Será que vou dar conta de cuidar e suprir o que eles precisam? [IS, 40 anos]

Essa paciente foi trabalhada com a técnica da constelação familiar. Foi colocada uma representante para ela e outro para um futuro filho. O corpo da sua representante se mostrava cansado. Olhava para esse filho, mas não conseguia chegar perto. Logo em seguida, foi colocada uma representante para a sua mãe. O movimento era o mesmo: ela não conseguia ir até a mãe.
Ao ser questionada, a paciente relatou que sua mãe teve uma doença logo após o parto. Mãe e filha foram separadas muito cedo. A paciente desenvolveu um excesso de autonomia como defesa para a sensação de abandono.

A quebra no vínculo mãe-bebê pode trazer consequências emocionais para ambos.

Seguem abaixo alguns exemplos de causas que podem gerar a desconexão com a própria mãe. Esses exemplos foram utilizados para que as pacientes pudessem refletir sobre o histórico de seus nascimentos e suas vinculações maternas. O modelo foi extraído do livro *Levantamento de vinculação mãe-bebê*,[78] em que a autora coloca dois tipos de separações que geram consequências na relação mãe-bebê: a separação física e a separação emocional. Vejamos:

Separação física

- Mãe foi separada da criança logo após o nascimento.
- A mãe teve um parto muito difícil.
- A criança estava doente ao nascimento.
- A criança foi gêmea ou trigêmea.
- A criança ficou na unidade de cuidados intensivos ou na incubadora.
- A mãe ficou muito doente após o parto.
- A criança foi adotada.

---

78. Maria Aparecida Junqueira Zampieri. *Se amo demais... não amo!*, v. 1.

Separação emocional

- A mãe teve problemas emocionais durante a gestação.
- A mãe teve uma morte na família dentro dos dois primeiros anos da criança.
- Gravidez indesejada.
- Mãe e pai se separaram
- A mãe teve problemas emocionais após o parto.

Várias são as causas que podem romper com o precioso vínculo mãe-bebê. Estudos demonstram que o rompimento nesse primeiro vínculo pode acarretar uma insegurança para o futuro adulto, dentre outras consequências. Zampieri coloca a importância desse apego saudável. Bert Hellinger observou as consequências desse movimento interrompido em direção à mãe:

> O apego mãe-bebê é uma conexão instintiva poderosa – uma cola emocional que lhe dá capacidade emocional para responsabilizar-se e alegrar-se com as tarefas da maternidade mesmo quando exaustivas. Extrapola a esfera material: é psicológica, comportamental, biológica e espiritual; se torna um alicerce influente e duradouro, principalmente no estilo de relacionamentos futuros.

Uma separação entre a mãe que adoece e se afasta nos primeiros dias do recém-nascido, e por muitos dias, pode gerar marcas, para ambos. Problemas de vínculo mãe-bebê são frequentemente acidentais, não é uma falha ou culpa da mãe e tampouco da criança."[79]

Uma criança afetada pela falta de vínculo pode desenvolver um excesso de altruísmo e falta de disponibilidade para ser cuidado.

Para Zampieri, esses são alguns comportamentos que podem ser desenvolvidos ao longo da vida de uma pessoa que sofre com a quebra do vínculo:

Ajuda compulsiva:

- Sempre ou quase sempre coloca a necessidade dos outros antes da sua.
- Precisa ajudar os outros para se sentir bem.
- Se sente vazia e inútil, ou até magoada, quando não precisam dela.
- Sua autoestima depende de ser útil.
- Invade e controla a vida dos outros sempre acreditando que está ajudando.

---

[79]. Maria Aparecida Junqueira Zampieri. *Se amo demais... não amo!*, v. 1.

Relacionamentos recorrentes:

- Sempre escolhe parceiros emocionalmente instáveis e complicados.
- Está sempre cercada de pessoas que sugam suas energias em vários aspectos.

Sensibilidade e humor:

- Tem comportamentos compulsivos e oscilação do humor.
- Ora se sente vítima, ora um herói.
- Tem dificuldade em reconhecer e falar de seus sentimentos e dar ou receber carinho.

Tratar as falhas do vínculo mãe-bebê significa que o paciente terá a chance de reconstruir um novo olhar para sua história, além de fazer o movimento de voltar para os braços de sua mamãe. Não importa a idade; não importa se a mãe já faleceu ou não. Sempre é hora de retomarmos esse vínculo e nos sentirmos filhos de nossos pais. Como será que é caminhar na vida com esse vínculo restabelecido? Será que você, como a filha amada de sua mãe, vai se permitir exagerar tanto no trabalho? Uma filha que se sente conectada com a própria mãe precisa mesmo agradar tanto as pessoas?

Veja o relato de uma paciente que compreendeu a importância de restabelecer seu vínculo materno para o sucesso no tratamento de fertilização. No momento em que ela se permite ser filha de sua mãe, passa a adotar comportamentos em que consente se "maternar":

> Todas as vezes que inicio o exagero no trabalho e começo a me sobrecarregar, lembro que, como filha querida da minha mamãe, não mereço isso. Como filha querida posso ser amada, posso receber ajuda, posso dizer não e posso receber um filho no meu ventre. [IS, 40 anos engravidou depois de mais duas FIVs, no total de quatro.]

4) Esteja presente no aqui e no agora

Você se sente presente no *aqui e no agora*? Você sente sua presença e força no propósito de engravidar? Observe como você tem caminhado na sua vida. Suas atividades têm sentido ou são feitas no modo automático? Com que frequência você se sente desconectada e com a sensação de estar longe? Onde isso acontece? Você se sente presente no seu relacionamento amoroso?

Afinal, o que é estar presente na sua própria vida?

A sensação de "presença" pode ser descrita como a consciência de percebermos o que estamos vivendo agora. Ou seja, surge quando a atenção não está focada no pensamento conceitual e nem está em um estado de transe resultante, por exemplo, de experiências passadas.

Em outras palavras: podemos compreender a presença como a capacidade de se comprometer com o aqui e agora; de dar sentido às atividades, e de se sentir presente diante das vivências e escolhas.

A paciente que se encontra tomada, por exemplo, por algum trauma, tem dificuldade de se comprometer com seu presente desejo de engravidar.

Alguns processos sistêmicos e individuais nos tiram a força da presença:

- Quando em um sistema familiar existe o desejo de salvar alguém: a mente inconsciente fica ocupada/preocupada com alguém do seu sistema.
- Quando por amor (amor cego) a uma pessoa da família, prevalece a vontade inconscientemente de ter um destino parecido com o dela. Por exemplo: "Como posso me permitir ser tão feliz no meu casamento se, quando eu olho para minha mãe, vejo uma pessoa tão triste e sozinha?"
- Quando estamos conectados com o destino de alguém.
- Quando deixamos de elaborar certas emoções na vida e, assim, perdemos força e energia para o agora.

Experimente fazer uma linha do tempo dos seus últimos dez anos: os fatos que te marcaram e a sensação em cada um deles. Observe suas reações ao relembrar e descrever esses fatos. Muitas pessoas têm um impacto quando se lembram da perda de alguém: "Nossa, desde que minha avó faleceu, fiquei sem energia. Não lembrava disso".

O genograma familiar também pode ajudar a identificar certos sofrimentos e tensões provocados pelos traumas transgeracionais. Certa vez, em uma sessão de genograma, a paciente, em prantos, relatou a história da avó: "Coitada, ela perdeu sua filha no parto". Ficou claro que essa paciente estava identificada com aquele trauma, transferindo para sua vida o medo de engravidar. Quando percebeu aquilo, devolveu (no coração) para a sua avó o que era dela e voltou para o seu lugar de neta. Conhecer com respeito a história de nossos ancestrais é conhecer também um pouco da nossa história.

Carl Jung abordou a importância de conhecermos a história e os legados do nosso sistema familiar, na medida em que quanto menos compreendermos o que nossos pais e avós procuraram, tanto menos compreenderemos a nós mesmos. Da mesma forma, em *O ser consciente*, Joanna de Ângelis afirma que as psicoterapias são aplicadas conforme as revelações do inconsciente, pois arrancam dos arquivos do psiquismo os fatores que geraram traumas e determinaram os conflitos.

Estar presente na vida, no relacionamento amoroso e no desejo de engravidar requer autoconhecimento para descobrir se existe algum processo traumático ou emaranhado sistêmico que seja capaz de lhe retirar a força de estar no *aqui e no agora*.

5) Aprenda a respeitar o destino de cada um

Experiências traumáticas podem paralisar uma pessoa sem que ela perceba. Andrei Moreira mostrou nos capítulos anteriores as consequências emocionais de um aborto provocado.

Não estamos aqui para julgar ninguém. Pelo contrário: estamos aqui para ajudar essas pessoas a se libertarem do trauma em que se prenderam.

Percebi ao longo de quinze anos de prática clínica que a pior consequência de um aborto provocado é a maldição que a mulher faz para ela mesma. Ou seja, ela cria uma punição inconsciente para si mesma.

Nesse grupo de pacientes que se preparavam para a FIV, notei que o impedimento para engravidar estava, muitas vezes, associado a alguma punição inconsciente, consequência de um aborto provocado no passado.

Durante as sessões, era comum a manifestação de uma das pacientes: "Como posso ser digna de engravidar depois do aborto que fiz? Sou uma péssima pessoa. Quem vai querer ser o meu filho? Não posso engravidar".

Já era o segundo tratamento dessa jovem de 32 anos. Nem ela nem o marido apresentavam problemas físicos. Ao procurar tratamento espiritual na casa espírita, um dos trabalhadores disse: "Tem um irmãozinho que está muito bravo com você, mas nós vamos doutriná-lo. Parece que foi um aborto de vidas passadas". Infelizmente, esse diálogo piorou seu estado emocional. Sentia-se mais culpada ainda. Era ela que precisava doutrinar a sua culpa e dar um lugar no seu coração para o seu filhinho que não pôde vir à vida.

Numa constelação familiar, foi colocado esse filho abortado. O representante dele estava inquieto até que a representante da mãe se sensibilizou (estava sintonizada com os sentimentos da paciente) e o abraçou, chorando muito. Ele se acalmou quando ela lhe disse: "Vou transformar o meu ventre sagrado em um novo altar para celebrar a vida dos seus irmãos que virão". Ele sorriu, deitou-se no chão e dormiu.

O aborto espontâneo também apareceu em algumas mulheres como um possível impedimento para engravidar. O medo ou pavor de perder o bebê gerava mais ansiedade nessas mulheres e, às vezes, um processo depressivo.

Muitas delas associavam a perda espontânea como uma falha de seu corpo. Isso gerava uma raiva de si mesma ou do próprio útero. A mulher oferece seu ventre sagrado com os cuidados que pode ter e o embrião vai se desenvolver se realmente estiver nos planos da espiritualidade: ele tem também a sua individualidade.

A FIV é um procedimento pelo qual o casal que passa por ele precisa estar muito unido e conectado. O diálogo é importantíssimo, uma vez que os abortos espontâneos podem ocorrer com maior frequência. Às vezes, são transferidos três embriões, mas dois sobrevivem e no final apenas um se desenvolve.

Muitos pensam que um casal não sofrerá pela perda de um embrião. Precisamos lembrar que não é um mero embrião: é um vínculo grande de amor. Sentir que esse vínculo grande de amor não conseguiu ficar até o final pode gerar sim uma dor e uma melancolia.

Uma frase repetida pelas pacientes que já tinham sofrido aborto espontâneo, era: "Mesmo com medo eu vou. Mesmo não sabendo qual será o seu destino, eu desejo ser a sua mãe pelo tempo que você puder ficar. Estou aqui para te receber nas nossas vidas".

Você pode dizer:

- Sim para a história que você tem.
- Sim para os seus pais.
- Sim para o destino das pessoas que você ama.
- Sim para aquilo que você precisa vivenciar
- Sim para aquilo que você não pode mudar.

Lembro-me de uma paciente de 39 anos submetida a cinco tentativas de FIV. Ao se preparar psicologicamente para a quinta tentativa, ela disse: "Sinto que agora o meu ventre está disponível, parece que já estou grávida". A paciente, de fato, tinha realizado uma linda conexão com o seu feminino. Estava claro que independente do resultado, ela tinha ganhado uma força enorme com a sua busca interior. Estava conectada com sua força vital. Engravidou na quinta tentativa.

Essa experiência citada nos leva a refletir que as frustrações não devem decidir nem responder sobre o destino e o propósito de cada um. Aproveitar as dificuldades para fazer uma busca interior pode acrescentar novos caminhos e possibilidades.

Cada pessoa traz um propósito nesta existência. Permitir que o mistério da vida se revele significa vivenciar cada etapa, com todas as emoções que as vivências podem provocar. Não temos respostas certas para os pais que desejam engravidar, mas o mistério da vida só vai se revelar se você buscar. Permita-se gestar cada momento da sua vida, inclusive o "tentar engravidar". Aquilo que for da programação de cada um é o que pode trazer paz, força e calma.

Também busquei várias respostas para decifrar aquilo que era do meu propósito, isto é, as escolhas que me dariam força na vida. Mergulhei nesse grupo que me levou a muitas descobertas para os meus trabalhos pessoais. É difícil? Sim! Muito! Mas, finalmente, um pouquinho do meu propósito se revelou para minha vida. Quanta força isso traz!

Para AMAR a gente deve estar disposto a aceitar duas solidões, a sua própria e a do outro.

AMAR significa dizer a alguém: "Sim eu amo você tal como você é. Mesmo que você não corresponda aos meus Sonhos e Esperanças. O fato de você existir faz-me mais Feliz do que os meus Sonhos."

— Bert Hellinger
["Para Que o Amor Dê Certo", Cultrix]

A espiritualidade do casal

12

Nenhum casal sobrevive sem conexão com as fontes do amor que sustentam a ambos e aos dois, no projeto comum que estabeleceram.

Essa conexão se inicia na relação com os pais, como vimos, quando cada um toma o amor da fonte que os gerou, se estende para a relação a dois, nas trocas equilibradas do dar e do receber com amor, e se perpetua na continuidade dos filhos e das obras de amor na vida.

Um projeto tão grandioso como é uma relação a dois requisita que o casal se fortaleça em cada fase do caminho, se abasteça do essencial e se nutra da força necessária para enfrentar as crises naturais que sobrevêm ao longo da jornada.

Crises são sempre oportunidades de crescimento e elas surgem em cada transição das fases de vida, como a passagem da adolescência para a vida adulta, o início da vida profissional, o namoro, o casamento, a chegada dos filhos, a idade madura e a terceira idade, para citar alguns exemplos.

Além destas, que são etapas naturais, há as crises decorrentes das posturas, dos desencontros, das inúmeras perdas que o viver impõe, das dificuldades existenciais no trato com a cultura, a economia, a política e a sociedade como um todo, decorrentes de fatores determinados por cada um e fatores que nos são impostos como fatos ou circunstâncias, independentemente de nossa vontade.

O que é que nos dá força para o sustento em cada luta existencial? É aquilo a que chamamos de espiritualidade, o conjunto de crenças e convicções que nos ajudam a dar sentido e significado para a existência.

É muito importante que o casal se dedique à espiritualidade no nível individual e coletivo, haurindo forças no cultivo e contato com o sagrado, em si e ao seu redor, para encontrar orientação, força, direcionamento para os passos a seguir.

Um casal não se forma ao acaso, um encontro não acontece fortuitamente. Todos atraímos aqueles que estão na sintonia do que vibramos e somos, na afinidade do coração. No entanto, há forças sábias que guiam os destinos humanos que engendram oportunidades de encontro e reajuste entre Espíritos que necessitam se reencontrar e estar juntos para a reconstrução amorosa, em si mesmos e na relação. Assim nascem muitos casais, muitas famílias.

Além dos protetores individuais que todos temos, os chamados mentores ou anjos guardiães, por algumas religiões, cada casal é tutelado, do mais alto, por Espíritos sábios que velam por aquela coletividade, que avalizaram aquelas encarnações e que permanecem disponíveis, a todo tempo, para sustentar, inspirar e auxiliar o casal nas melhores decisões. Uma atitude sábia e útil é o cultivo da entrega interior a essas forças amorosas superiores, com confiança e humildade, rogando que Deus nos direcione e oriente através daqueles que servem ao amor, nas decisões e ações necessárias na relação de casal e na vida familiar.

ORAÇÃO

A oração é um recurso de sabedoria que, quando espontânea e sincera, ou mesmo quando decorada, mas conectada ao coração, permite àquele que ora uma conexão com as forças superiores do bem, atraindo a atenção dos bons Espíritos e o auxílio, que nunca é negado.

O livro dos Espíritos nos aconselha:

> Quando te achares na incerteza, invoca o teu bom Espírito, ou ora a Deus, soberano senhor de todos, e Ele te enviará um de seus mensageiros, um de nós.[80]

E comentam os bons Espíritos:

> Não vos parece grandemente consoladora a ideia de terdes sempre junto de vós seres que vos são superiores, prontos sempre a vos aconselhar e amparar, a vos ajudar na ascensão da abrupta montanha do bem; mais sinceros e dedicados amigos do que todos os que mais intimamente se vos liguem na Terra? Eles se acham ao vosso lado por ordem de Deus. Foi Deus quem aí os colocou e, aí permanecendo por amor de Deus, desempenham bela, porém penosa missão. Sim, onde quer que estejais, estarão convosco. Nem nos cárceres, nem

---

[80]. Allan Kardec, *O livro dos Espíritos*, questão 523.

nos hospitais, nem nos lugares de devassidão, nem na solidão, estais separados desses amigos a quem não podeis ver, mas cujo brando influxo vossa alma sente, ao mesmo tempo que lhes ouve os ponderados conselhos.

Ah! se conhecêsseis bem esta verdade! Quanto vos ajudaria nos momentos de crise! Quanto vos livraria dos maus Espíritos! Mas, oh! Quantas vezes, no dia solene, não se verá esse anjo constrangido a vos observar: "Não te aconselhei isto? Entretanto, não o fizeste. Não te mostrei o abismo? Contudo, nele te precipitaste! Não fiz ecoar na tua consciência a voz da verdade? Preferiste, no entanto, seguir os conselhos da mentira!" Oh! Interrogai os vossos anjos guardiães; estabelecei entre eles e vós essa terna intimidade que reina entre os melhores amigos. Não penseis em lhes ocultar nada, pois que eles têm o olhar de Deus e não podeis enganá-los. Pensai no futuro; procurai adiantar-vos na vida presente. Assim fazendo, encurtareis vossas provas e mais felizes tornareis as vossas existências.[81]

Quando o casal ora, particularmente e juntos, haure forças para o enfrentamento de si mesmos, na autossuperação, das crises domésticas e naturais no percurso. Através da oração muitas ideias perniciosas são afastadas, muitos desejos são controlados, muitas emoções abrandadas, bem como ideias novas são inspiradas e sentimentos nobres fortalecidos no coração de quem se abre, com humildade, para a ajuda.

---

81. Allan Kardec, *O livro dos Espíritos*, questão 495.

Além disso, bons Espíritos são atraídos para o ambiente doméstico para amparar e auxiliar, sejam eles os Espíritos familiares que acompanham a cada um ou aqueles que se afinizam com nossas ideias, projetos no bem ou necessidades íntimas, além daqueles que são designados pelo alto para nos socorrer em nome do amor.

CULTO NO LAR

O culto do Evangelho no lar é um recurso poderoso de auxílio.

Trata-se de um momento pré-definido na semana em que a família se reúne, por vinte a trinta minutos, para orar e comentar uma passagem do Evangelho ou um trecho de uma mensagem, ou um livro infantil, quando há crianças. Algo espontâneo e coletivo.

Isso permite que a família cultive a espiritualidade, as crenças religiosas e a comunhão nesse campo da vida de forma efetiva e útil.

No começo, ainda sem prática, costuma ser um momento desafiador, seja porque o casal ou os membros da família não têm ainda o hábito de conversar com honestidade e sentimento de respeito e igualdade, seja porque os vínculos espirituais com aqueles que não desejam o bem de alguém ou do grupo se atiçam diante dessa iniciativa. É comum, portanto, haver leves desentendimentos, constrangimentos ou vergonha no momento inicial. Às vezes a família briga mesmo, mas quando todos perseveram, ou somente aqueles que têm a abertura para tal permanecem, a harmonia se estabelece e tudo flui com naturalidade.

O efeito no ambiente é extremamente positivo, pois muda a psicosfera, o ambiente mental e emocional da casa, limpando-a e energizando-a positivamente e promovendo mais paz e tranquilidade nas relações. É o que vemos em nossa experiência pessoal e o que relatam os casais que praticam o culto no lar com regularidade.

O FEMININO QUE CURA

A mulher, mais frequentemente nos casais heterossexuais, e a pessoa com maior teor de feminilidade, nos casais homossexuais, têm um papel significativo no desenvolvimento da espiritualidade no casal e no lar.

É o feminino que cura e reúne o que está fragmentado, partido. É através do feminino sagrado, aquele que conecta ao afeto, ao cuidado, à maternagem, que os movimentos de cura acontecem.

É o feminino que ensina a honra, o respeito ao masculino (e vice-versa), que irradia acolhimento, ternura, bondade.

Não é por acaso que as mulheres são o público majoritário e predominante nos ambientes religiosos, nas atividades terapêuticas e na busca por soluções dos conflitos do dia a dia.

O feminino sagrado – que também está nos homens – tem um papel importantíssimo na sociedade atual, que sente a falta do masculino e do feminino que cuidam que cuidam, respeitam, integram, louvam, elevam e engrandecem os seres e as relações.

Podemos nos lembrar de nossas avós e seu cuidado feminino, que muitas mães herdaram, aprenderam e mantiveram, e que foi tão fundamental para sustentar as famílias até os dias atuais.

Por isso a mulher tem um papel tão importante nas famílias.

Bert Hellinger comenta, com sabedoria: "Quando uma mulher decide curar-se, ela se transforma em uma obra de amor e compaixão, já que não se torna saudável somente a si própria, mas também a toda a sua linhagem."

E nós acrescentaríamos: não só à sua linhagem, mas a toda a sociedade.

É este o maior poder da mulher: o feminino sagrado, que encanta os homens, que nutre o casal e a família, com sua grandeza, força e honra.

AMO-TE

Amo-te quanto em largo,
    alto e profundo
minh'alma alcança quando,
    transportada,
sente, alongando os olhos
    deste mundo,
os fins do ser, a graça entresonhada.

Amo-te a cada dia, hora e segundo
a luz do sol, na noite sossegada
e é tão pura a paixão de
    que me inundo
quanto o pudor dos que
    não pedem nada.

Amo-te com a dor das velhas penas
com sorrisos, com lágrimas de prece,
e a fé de minha infância,
    ingênua e forte.

Amo-te até nas coisas mais pequenas,
por toda vida, e assim DEUS o quiser
ainda mais te amarei depois da morte.

— Elizabeth Barrett Browning

Dois

Bibliografia

LIVROS

ALVES, Rubem. *As mais belas histórias de Rubem Alves*. Lisboa: Asa, 2003.
_____. *O amor que acende a lua*. Papirus.

CARMITA, Abdo. *Descobrimento sexual do Brasil – para curiosos e estudiosos*. Summus.

CHAPMAN, Gary. *As 5 linguagens do amor – como expressar um compromisso com seu cônjuge*. Mundo Cristão.

FRANCO, Divaldo Pereira e JOANNA DE ÂNGELIS, Espírito. *Amor, imbatível amor*. Leal.
_____. *O despertar do Espírito*. Leal.

GARRIGA, Joan. *O amor que une – quando um e um somam mais que dois*. Academia.

GREEN, Robert-Jay. In: Froma Walsh, *Processos normativos da família – diversidade e complexidade*. Artmed.

HELLINGER, Bert. *A cura*. Atman.
_____. *A fonte não precisa perguntar pelo caminho*. Atman.
_____. *A paz começa na alma*. Atman.
_____. *A simetria oculta do amor*. Cultrix.
_____. *Amor à segunda vista*. Atman.
_____. *Glück, das bleibt* [felicidade que permanece], Stuttgart, Verlag Kreuz GmbH, 2008. Trad. Newton Queiroz.
_____. *No centro sentimos leveza*. Atman.
_____. *O amor do espírito*. Atman.
_____. *Para que o amor dê certo*. Cultrix.
_____. *Um lugar para os excluídos*. Atman.

B

KARDEC, Allan. *O céu e o inferno*. FEB.
_____. *O livro dos Espíritos*. FEB.

SAINT-EXUPÉRY, Antoine de. *O pequeno príncipe*.

XAVIER, Francisco Cândido e ANDRÉ LUIZ, Espírito. *Evolução em dois mundos*. FEB.
_____. *Missionários da luz*. FEB.
_____. *Nos domínios da mediunidade*. FEB.

XAVIER, Francisco Cândido e EMMANUEL, Espírito. *Vida e sexo*. FEB.

LINKS

http://franjasdalma.blogspot.com.br/2016/04/se-queres-mudar-o-mundo-ama-uma-mulher.html

http://tatianareisterapeuta.blogspot.com.br/2017/07/infertilidade-dificuldade-em-engravidar.html

http://www.hypeness.com.br/2015/03/a-historia-de-duas-mulheres-que-namoravam-ha-72-anos-e-finalmente-puderam-se-casar/

https://www.editoraatman.com.br

https://www.ted.com/talks/esther_perel_rethinking_infidelity_a_talk_for_anyone_who_has_ever_loved/up-next?language=pt-br#t-24140

Amor a Dois

© 2019–2023 *by* Ame Editora
órgão editorial da Associação Médico-Espírita de Minas Gerais

DIRETOR EDITORIAL
Andrei Moreira

CONSELHO EDITORIAL
Andrei Moreira,
Grazielle Serpa,
Roberto Lúcio Vieira de Souza

DIRETOR GERAL
Ricardo Pinfildi

DIRETOR EDITORIAL
Ary Dourado

CONSELHO EDITORIAL
Ary Dourado, Ricardo Pinfildi,
Rubens Silvestre

DIREITOS AUTORAIS

Associação Médico-Espírita de Minas Gerais
Rua Conselheiro Joaquim Caetano, 1162 – Nova Granada
30431-320   Belo Horizonte   MG
31 3332 5293   www.amemg.com.br
[o autor cedeu integralmente os direitos autorais à AMEMG
para manutenção de suas atividades assistenciais]

DIREITOS DE EDIÇÃO

Editora InterVidas [Organizações Candeia Ltda.]
CNPJ 03 784 317/0001-54   IE 260 136 150 118
Rua Minas Gerais, 1520   Vila Rodrigues
15 801-280 Catanduva SP
17 3524 9801   www.intervidas.com

**DADOS INTERNACIONAIS DE CATALOGAÇÃO NA PUBLICAÇÃO
[CIP BRASIL]**

M838a

MOREIRA, Andrei [*1979]
Amor a dois – os relacionamentos afetivos na visão sistêmica e espírita
Andrei Moreira
Catanduva, SP: InterVidas, 2023

304 pp. ; 15,7 × 22,5 × 1,7 cm ; il.

Bibliografia

ISBN 978 85 60960 28 6

1. Relacionamentos   2. Casal   3. Constelação familiar   4. Espiritismo
I. Moreira, Andrei   II. Título

CDD 158.2   CDU 159.9

ÍNDICE PARA CATÁLOGO SISTEMÁTICO
1. Casal : Relações interpessoais : Psicologia aplicada   158.2
2. Constelação familiar : Psicologia aplicada   158.2
3. Espiritismo   133.9

EDIÇÕES
Ame
1.ª edição, 1.ª tiragem, 2019, 2 mil exs.
1.ª edição, 2.ª tiragem, 2 mil exs.
1.ª edição, 3.ª tiragem, 1 mil exs.
1.ª edição, 4.ª tiragem, Nov/2020, 1 mil exs.

InterVidas
1.ª edição, 1.ª tiragem, Mai/2023, 1 mil exs.

Impresso no Brasil   Printed in Brazil   Presita en Brazilo

Colofão

TÍTULO
Amor a dois – os relacionamentos afetivos na visão sistêmica e espírita

AUTORIA
Andrei Moreira

EDIÇÃO
1ª edição

EDITORA
InterVidas [Catanduva SP]

ISBN
978 85 60960 28 6

PÁGINAS
304

TAMANHO MIOLO
15,5 × 22,5 cm

TAMANHO CAPA
15,7 × 22,5 × 1,7 cm [orelhas 9 cm]

CAPA E PROJETO GRÁFICO ORIGINAL
Leonardo Ferreira | Kartuno

CAPA ADAPTADA
Ary Dourado

REVISÃO
Elza Silveira

PROJETO GRÁFICO & DIAGRAMAÇÃO
Ary Dourado

TIPOGRAFIA CAPA
[Dhan Studio] Arsilon 90/55, [KTF] National 2 Bold, Medium e Medium Italic

TIPOGRAFIA TEXTO PRINCIPAL
[KTF] Tiempos Text Regular 11/15

TIPOGRAFIA CITAÇÃO
[KTF] Tiempos Text Regular 10/15

TIPOGRAFIA TÍTULO
[KTF] National 2 Regular 30/30

TIPOGRAFIA INTERTÍTULOS
[KTF] National 2 Bold [11; 13; 15]/15

TIPOGRAFIA NOTA DE RODAPÉ
[KTF] National 2 Regular 9/13

TIPOGRAFIA OLHO
[KTF] National 2 Medium 14/18

TIPOGRAFIA BIBLIOGRAFIA
[KTF] Tiempos Text Regular 10/13

TIPOGRAFIA DADOS
[KTF] National 2 Medium e Regular [6; 8]/10

TIPOGRAFIA COLOFÃO
[KTF] National 2 Medium e Regular [6; 7]/10

 ameeditora.com.br
 ameeditora
 ameeditora

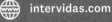 intervidas.com
 intervidas
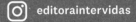 editorainterviads

TIPOGRAFIA FÓLIO
[KTF] National 2 Bold 9/9

MANCHA
103,3×163,5 mm 31 linhas
[sem título corrente e fólio]

MARGENS
17,2 : 25 : 34,4 : 37,5 mm
[interna:superior:externa:inferior]

COMPOSIÇÃO
Adobe InDesign CC 18.2.1 x64 [Windows 10]

PAPEL MIOLO
ofsete Sylvamo Chambril Book 75 g/m²

PAPEL CAPA
cartão Ningbo Star C2S 300 g/m²

CORES MIOLO
1 x 1 cor: Pantone 322 U

CORES CAPA
4 x 1 cores: CMYK x Pantone 322 U

TINTA MIOLO
Toyo

TINTA CAPA
Toyo

PRÉ-IMPRESSÃO CTP
CRON LaBoo 5.0.05
basysPrint UV Setter

PROVAS MIOLO
Epson Stylus Pro 7880

PROVAS CAPA
Epson Stylus Pro 7880

IMPRESSÃO
processo ofsete

IMPRESSÃO MIOLO
Heidelberg Speedmaster SM 102 2P

IMPRESSÃO CAPA
Heidelberg Speedmaster SM 72 4P

ACABAMENTO MIOLO
cadernos de 32 pp. e 16 pp.,
costurados e colados

ACABAMENTO CAPA
brochura com orelhas, laminação BOPP
fosco, verniz UV brilho com reserva

PRÉ-IMPRESSOR E IMPRESSOR
Graphium Gráfica e Editora
[São Paulo, SP]

TIRAGEM
1 mil exemplares

TIRAGEM ACUMULADA
7 mil exemplares

PRODUÇÃO
maio de 2023

 andreimoreira.com

 andreimoreira1

 andreimoreira

 Andrei Moreira